Ullstein

W0306139

Vi

5

ÜBER DAS BUCH:

Christine Brückner, Kennerin von Inseln, legt mit ihrer Auswahl von Texten und Bildern ein Lesebuch von Juist-Liebhabern für Juist-Liebhaber vor. Jeder, der schreibt, und jeder, der zeichnet, sieht die Insel mit anderen Augen: die Jahreszeiten spielen eine Rolle, ebenso die Tageszeiten und Tiden; die zwei Seiten der Insel – das Meer und das Watt. Kalfamer und Loog, Heller und Bill, das sind Reiz- und Zauberworte für Kenner der Insel und Lockworte für jene, die Juist erst noch entdecken wollen...

DIE HERAUSGEBERIN:

Christine Brückner, 1921 in einem waldeckischen Pfarrhaus geboren. Abitur, Kriegseinsatz, Studium. Häufiger Berufs- und Ortswechsel. 1954 erhielt sie für ihren ersten Roman einen ersten Preis, seither ist sie eine hauptberufliche Schriftstellerin und lebt heute, verheiratet mit Otto Heinrich Kühner, in Kassel. Von 1980–1984 war sie Vizepräsidentin des deutschen PEN; 1982 wurde sie mit der Goethe-Plakette des Landes Hessen ausgezeichnet, 1990 mit dem Hessischen Verdienstorden. Sie ist Ehrenbürgerin der Stadt Kassel. 1984 stiftete sie, zusammen mit Otto Heinrich Kühner, den »Kasseler Literaturpreis für grotesken Humor«. Sie schreibt Romane, Erzählungen, Kommentare, Essays, Schauspiele, auch Jugend- und Bilderbücher.

JUIST

Ein Lesebuch

Herausgegeben von
Christine Brückner

Mit Illustrationen von
OTMAR ALT, GISELA ANDERSCH, ELISABETH AXMANN,
ALF DEPSER, HANNES GAAB, HERBERT GENTZSCH,
HORST G. LOEWEL, GERHARD LOSEMANN, HORST RELLECKE,
HEIDE M. SAUER, PETER-TORSTEN SCHULZ,
URBAN THIERSCH, HEINZ TRÖKES

Ullstein

ein Ullstein Buch
Nr. 23306
im Verlag Ullstein GmbH,
Frankfurt/M–Berlin

Ungekürzte Ausgabe

Umschlagentwurf:
Theodor Bayer-Eynck
unter Verwendung eines Bildes
von Otto Heinrich Kühner
Alle Rechte vorbehalten
© 1984 Verlag Ullstein GmbH,
Frankfurt/M–Berlin
Printed in Germany 1994
Druck und Verarbeitung:
Clausen & Bosse, Leck
ISBN 3 548 23306 6

Mai 1994
Gedruckt auf alterungsbeständigem
Papier mit chlorfrei
gebleichtem Zellstoff

Von Christine Brückner
in der Reihe
der Ullstein Bücher:

Ehe die Spuren verwehen (22436)
Ein Frühling im Tessin (22557)
Die Zeit danach (40073)
Letztes Jahr auf Ischia (40099)
Der Kokon (Die Zeit der Leoniden) (22887)
Wie Sommer und Winter (22857)
Das glückliche Buch der a. p. (22835)
Die Mädchen aus meiner Klasse (22569)
Überlebensgeschichten (22463)
Jauche und Levkojen (20077)
Nirgendwo ist Poenichen (20181)
Das eine sein, das andere lieben (20379)
Mein schwarzes Sofa (20500)
Lachen, um nicht zu weinen (20563)
Die Quints (20951)
Hat der Mensch Wurzeln? (20979)
Kleine Spiele für große Leute (22334)
Alexander der Kleine (22406)
Die letzte Strophe (22635)
Was ist schon ein Jahr (23258)
Die Stunde des Rebhuhns (23102)

Zusammen mit Otto Heinrich Kühner:

Erfahren und erwandert (20195)
Deine Bilder – Meine Worte (22257)

Die Deutsche Bibliothek –
CIP-Einheitsaufnahme

Juist: ein Lesebuch / hrsg. von
Christine Brückner.
Mit Ill. von Otmar Alt ... –
Ungekürzte Ausg. – Frankfurt/M;
Berlin: Ullstein, 1994
(Ullstein-Buch; Nr. 23306)
ISBN 3-548-23306-6
NE: Brückner, Christine [Hrsg.]; GT

Inhaltsverzeichnis

Eine Insel der Treue

Wer sich aufs Schreiben eingelassen hat, kann nichts mehr für sich behalten, das ist der Preis. Ich habe Verrat geübt, ich habe meine Insel im Norden beim Namen genannt: Juist. In meiner schwarzen Kladde steht: »Ein Federstrich von einer Insel, kaum Land. Alles Strand und Düne und Deich und Watt.«

Inseln haben mir immer wieder als Zufluchtsorte gedient. Meine Romanheldinnen teilten meine Vorliebe für Inseln. Auch sie brachten sich in Sicherheit, wollten zur Ruhe kommen und – schwimmend – prüfen, ob sich die Rückkehr aufs Festland lohnte. Ich habe meine Inseln oft als Schauplätze benutzt, beschriebene Inseln wurden so zu abgeschriebenen Inseln.

Insel, das war für mich, bevor ich nach Juist kam, nur ein anderes Wort für Süden. Juist hat sich viel Mühe um mich gegeben. Zwanzig Sonnenuntergänge an einundzwanzig Septembertagen! Und Junitage, an denen wir weit draußen am Billriff in den Prielen badeten. Ein strahlend schöner Januartag mit klirrendem Eis und frischgefallenem Schnee, die Perlschnüre der Sanddornfrüchte leuchteten, auf dem vereisten Strand wurde Schlittschuh gelaufen, zu Fuß und auf Fahrrädern waren die Juister unterwegs, und als am Mittag die Herrlichkeit vorüber war, setzten wir uns zu ostfriesischem Tee und Grog zusammen und sprachen bedächtig über diesen schönen Tag.

Juist ist nicht einmalig schön. Es ist eine Insel der Treue. Man stillt hier nicht seine Neugier, man hakt Juist nicht ab, um das nächste Mal auf die nächste ostfriesische Insel zu fahren. Das ist das Risiko, das man mit Juist eingeht. Juist ist unvergleichlich! Ich kenne keine andere Nordsee-Insel, ich werde keine weitere kennenlernen, ich habe mich ein für allemal entschieden: Juist. Mein Urteil ist subjektiv. Wo man liebt, darf man nicht objektiv sein.

»Diese Insel im Norden – welches Paradies«, steht in einem der Briefe, die mir Otto Heinrich Kühner im Winter 1965/66 geschrieben hat. »Das Reizklima der See treibt meinen Blutdruck hoch und läßt die Zeilen ›nur so‹ herausspringen. Was will ich mehr? Dazu der Rausch der Einsamkeit! Ich lerne die Vorzüge der Inseln kennen. Isolation!« Die nächste Reise nach Juist machten wir dann bereits gemeinsam und alle weiteren: zu zweien. Er, der mein Mann geworden war, machte mir seine Insel zum Geschenk. Trotzdem sagen wir nicht »unsere Insel«, sondern jeder sagt: »Meine Insel im Norden – Juist.«

Als ich Peter Härtling um ein paar Juister Seiten für dieses Buch bat, antwortete er: »Nichts vergnügte mich jetzt mehr, als meine Phantasie auszuschicken, mich bei den Kochs einzunisten, zur Westspitze zu wandern, mich auf eine Möwenschwinge zu legen und tragen zu lassen – aber!« Einige Wochen später war aus dem Aufsatz über Juist ein Gedicht über einen Juister geworden: Alf Depser, der »im Loog« in einem der letzten windschiefen Fischerhäuschen haust, dort zeichnet, in Holz schneidet und Geschichten schreibt.

Und Alf Depser schrieb mir: »Mir geht's nicht in allen Punkten gut – seit F. G. Jüngers Tod fehlt mir was.«

Ich suchte mit Freude und Gewinn nach Insel-Gedichten in Friedrich Georg Jüngers Werken. Chiffren stehen für Ortsnamen, mit sachlichen Angaben kann man in einem lyrischen Gedicht nicht rechnen. Das schöne Wort Kalfamer taucht nicht auf, weder Bill noch Heller, noch Loog –

Namen, die sonst in keinem Juist-Bericht fehlen; wer in den Gedichten von Friedrich Georg Jünger danach sucht, sucht vergeblich. Aber ihn, den Dichter, haben wir an diesen Plätzen angetroffen, daran besteht kein Zweifel. In den kurzen Tagebucheintragungen von Ernst Jünger, der ebenso wie sein Bruder zu den Liebhabern Juists gehört, erfährt man mehr über den Autor und seine Gedankengänge als über den Ort, an dem sie gedacht wurden; vielleicht am Hammersee? Vielleicht anderenorts?

Jeder, der schreibt, jeder, der zeichnet, sieht die Insel mit anderen Augen. So viele Augen, so viele Bilder. Er habe Lolita auf dem Bock einer Pferdekutsche gesehen und Ödipus am Strand mit seiner Mutter Jokaste, schreibt Helmut Heißenbüttel in seinem »Juistgelegenheitsgedicht«. In dem klugen Essay zu den Bildern von Gisela Andersch, seiner Frau, schreibt Alfred Andersch: »Nicht die Kunst zeichnet die Zeit ab, sondern die Zeit zeichnet die Kunst. Die Zeit verlangt der Kunst ein Zeichen ab. Sie weiß, daß nichts von ihr bleiben wird als dieses Zeichen. Zeitlose Zeit-Zeichen.« Abstraktion bis zur Askese, bei ihm und bei ihr, beim Schreiben wie beim Zeichnen.

Welche Genauigkeit, aber auch welche Poesie bei Joachim Günther, dem Altmeister unter den deutschsprachigen Literaten! Ich habe viel bei ihm gelernt. Über die Dünenrosen und über den Austernfischer; Blumen und Vögel, die mir nur als schöne Zutaten für mein Inselwohlbehagen dienten.

In Martin Luserkes Bericht über die »verwunschene Insel« steht, daß Juist eine Länge von vierzehn Kilometern habe. Heute wird die Länge der Insel mit siebzehn Kilometern angegeben. Juist muß demnach in wenigen Jahrzehnten um drei Kilometer gewachsen sein. Alle zehn Jahre ein Kilometer! Da könnte man ausrechnen, wann sie ihre östliche Nachbarin Norderney erreicht haben wird. Diese Juister! Je kleiner ein Eiland, desto größer der Stolz darauf. Sie behaupten, der schönste Platz auf Norderney sei der, von dem aus man Juist sehen könne. Fontane allerdings gab Norderney den Vorzug, wahrscheinlich aus Unkenntnis. Wie gern hätte ich in seinen Briefen nach Äußerungen über meine Insel gesucht!

Peter-Torsten Schulz, der sich, wenn er schreibt, zeichnet, malt oder fotografiert, Olle Hansen nennt, redet mich brieflich mit »liebe Juist-her-Dame« an. »Buntstiftspäße« nennt er die luftballonleichten Bilder von der auf- und untergehenden Juister Sonne. Er ist ein Bilderbuchbesessener. »Ich liebe die Nordsee nicht«, schrieb er mir. »Ich bin ihr hörig.«

Was für ein amüsanter Briefwechsel unter dem Stichwort Juist! In dem Begleitbrief, den mir Hansjörg Martin schrieb, steht: »Eigentlich hätte ich doch versuchen müssen zu beschreiben, daß der von dem Inselvogt auf Memmert kredenzte Korn, der von seiner reizenden Frau gereichte Tee, das von ihr gebratene Kaninchen – daß das alles anders und besser schmeckt als irgendwo auf der Welt. Ich hätte versuchen müssen, die langen, dunklen, bedrohlichen Winterabende zu schildern, an denen wir uns vor der Dunkelheit und dem Sturm an den Kamin geflüchtet haben, Geschichten erzählt oder zugehört haben, wie der Inselvogt, der tagsüber harte Männerarbeit verrichtete, am leicht verstimmten Klavier leisen Jazz klimperte oder eine Mozartsonate spielte. Ich hätte aufschreiben müssen, wie uns die brütenden Möwen angegriffen haben, als wir durch die Dünentäler zum Leuchtturm wollten, wie wir mit Pferd und Wagen nach einem Sturm den Strand entlanggefahren sind und Strandgut gesammelt haben – vom Holzbrett bis zum Strohhut, vom zerfaserten Schiffstau bis zum Kofferradio –, aber dafür würde ich zwanzig Seiten gebraucht haben und nicht nur zwei Seiten, und dann wäre es auch nur Stückwerk geblieben. Der Krimi ›Bei Westwind hört man keinen Schuß‹ spielt auf dem Memmert, aber in meinem Buch heißt es Mellog . . .«

Alle die Anrufe bei dem Maler-Freund, bis er dann endlich sagte: Henny badet auf Juist!

Der Juister Galerist und Hotelier Werner Kley blätterte im Gästebuch des Kurhauses und entdeckte eine Reihe mit leichter Hand skizzierte Blätter von Heinz Trökes, Horst G. Loewel, Horst Rellecke. Seine Galerie war eine Fundgrube für die Illustration dieses Buches. Heide M. Sauer, die junge Malerin aus Gießen, schickte mir ein Bild und schrieb dazu: »In Ihrem Juist-Text, der in ›Erfahren und erwandert‹ steht, haben Sie geschrieben: ›Wenn sich die untergehende Sonne dem Horizont nähert, verschmelzen die vier Elemente Wasser, Luft, Feuer und Erde zu einem. Rückkehr zum ersten Schöpfungstag.‹ Das habe ich versucht zu malen: ›Die vier Elemente‹.«

Vielleicht habe ich andere schöne Bilder oder Gedichte über Juist nicht entdeckt? Welcher Künstler hat sich als unbekannter Badegast getarnt? Juist ist keine Renommierinsel. Bei den Vorarbeiten hat mir Heide Probst, eine Juister Lehrerin, geholfen, auch sie zeichnet und schreibt. Ich muß annehmen, daß sie gut Bescheid darüber weiß, wer alljährlich über die Insel geht.

Als wir das letzte Mal nach Juist fuhren, legte das Schiff nicht mehr am Anleger an, stieg man nicht mehr in die kleine Bahn um; die »Frisia« bringt die Badegäste jetzt bis zu einer Mole, die sich ins Wattenmeer hinausschiebt. Was für eine Annehmlichkeit! Was für ein Verlust! Der Wattführer Alfred fährt im Elektro-Rollstuhl durch die Straßen. Was für ein schweres Schicksal, dachte ich, bis er dann sein großes Sprachrohr an den Mund hob und verkündete, daß sein Sohn am Nachmittag durchs Watt führen werde; er verkündete weitere Lustbarkeiten für die Badegäste, gab sich am Schluß seiner Kundgebung als optimistischer und sachkundiger Wetterprophet und bekam viel Beifall. Man könnte annehmen, daß er es genießt, zu den Privilegierten zu gehören, die auf der autolosen Insel motorisiert sind.

Das Herzstück oder besser der Kopf der Insel ist die Inselbuchhandlung. Dorthin zieht es die Schriftsteller und Maler, dorthin zieht es vor allem aber die Leser. Während der Saison, wenn vor den Boutiquen die Ständer mit Strandsandalen und Sonnenhüten stehen, stehen vor der Inselbuchhandlung die Ständer mit Bade-Taschenbüchern, umlagert von Badegästen, die die Bücher anprobieren wie Hüte. Die Studenten im Ferienjob brauchen nicht mehr zu tun, als die Bücher einzutüten, zu kassieren, frühmorgens die Ständer aufzufüllen und die Schaufensterauslagen so oft zu wechseln wie nebenan die Boutiquen. Heitere Urlaubsstimmung auch in der Buchhandlung. Das Geschäft floriert bei Sonne und Regen, samstagnachmittags und sonntagmorgens; weder Lesehunger noch Wissensdurst halten sich hier an die Ladenschlußzeiten. Nie habe ich so viele Bücher und so viele Leser auf so wenigen Quadratmetern beisammen gesehen. Mancher Badegast kauft sich in der Inselbuchhandlung bereits im September die Weihnachtsbücher, und einige Badegäste behaupten, sie kämen nur wegen dieser Buchhandlung in jedem Jahr wieder nach Juist. Manchmal sitzt ein Autor vorm Laden im Sonnenschein und signiert seine Bücher, und am Abend sitzt er dann im »Ulenhus« der Kochs bei ostfriesischem Tee oder beim Grog. Es versteht sich, daß ich dieses Buch Hannelore und Karl Josef Koch in Dankbarkeit und Freundschaft widme.

Christine Brückner

Sigrid Bauschinger

Nirgendorte

Insel, Eiland, insula – helle Worte. Wenn man sie denkt, hört, spricht, rufen sie das immer gleiche Schema von Wasser und Land herauf in immer neuer Variation: kleine, kleinste Landflecken in weiten Wassermassen, Inseln zu Gruppen versammelt, zu Ketten aneinandergereiht, jede so ganz verschieden und doch verwandt mit den andern, umspült vom gleichen Wasser, umweht vom gleichen Wind. Flache Sandscheiben die einen, auf welche die Wellen sich kräuselnd schlüpfen, hohe Felsfestungen die andern, an die gewaltige Wogen schlagen und Gischt schäumt, wo die hellen Aspekte verdunkelt werden von Gewalt und Gefahr.

Denn Inseln sind zwar die besonnten Paradiese, als die sie so oft in den Mythologien und Gedankenkonstruktionen der Philosophen erscheinen, die u-topien, Nirgendorte, weil nur auf ihnen der selige Zustand unschuldigen, sorglosen, ewigen Lebens vorstellbar ist. Wohl gibt es derlei Entwürfe in großer Zahl: das Paradies selber wurde ja zunächst als Insel gedacht, im Osten des Weltmeeres bei Indien gelegen. Inseln der Seligen waren die Wohnsitze toter Heroen, und ein goldenes Zeitalter konnte nur auf Inseln dauern, auf fruchtbarem Boden, reich an Quellen, an Getier des Waldes, des Wassers und der Luft, reich auch an Schätzen, nie von Stürmen bedroht und Kälte und irgendwelcher Not. Selbst das Leben in menschlicher Gemeinschaft ließ sich auf Inseln in anderen, besseren Ordnungen denken, von Vernunft erleuchtet und ganz dem Gemeinwohl geweiht.

Aber Inseln waren auch immer die Gegenorte zu den lieblichen, Nirgendorte auch sie, Toteninseln, Inseln des Schreckens, von welchen es kein Entkommen gab, wenn der Minotaurus sein Opfer forderte und der Vulkan sein Feuer spie oder wenn Sturm und Schiffbruch den Überlebenden auf ein unbewohntes Eiland verschlugen, wo er verdammt war zu immerwährender Einsamkeit. Alle lieblichen Inseln sind ja immer bewohnte. Kein glücklicherer Ort als ein belebtes Eiland, nichts trostloser als eine verlassene Insel.

So bieten sich Inseln von jeher an als Metaphern für neue Entwürfe der Welt und des Lebens. Diese Metaphern ruhen auf dem festen Grund wirklicher Erscheinungen, der Inseln in all ihrer Vielfalt. Inseln eines Meeres, eines Archipels, einer Kette locken und reichen den Reisenden weiter. Andere Ozeane rufen, neue Inselwelten tun sich auf, und oft gibt es eine einzige Insel unter den vielen, die immer wieder zur Rückkehr lädt.

Wo sie auch liegt, sie ist entweder eine jener Inseln, die wie ein Stück des festen Landes ihre Bewohner umhegt, fruchtbar und in gemäßigten Zonen oft nicht allzu weit von der Küste entfernt, oder sie fordert in Abgeschiedenheit und inmitten rauher Winde auf kärglichem Boden ein entbehrungsreiches Leben.

Die erstgenannten Inseln entsprechen ganz dem Bild des paradiesischen Eilands, wie es aus antiker Zeit ins Mittelalter überkommen ist. Perdita, die schönste von allen, zu der St. Brandan von Gott geführt wurde, heißt eines dieser Muster, nach dem sich Inseln wie das fruchtbare Bornholm, vor der dänischen Küste und in Sichtweite der schwedischen in die Ostsee gelagert, auszurichten scheinen. Es ernährt die Seinen mit den goldgelb geräucherten Fischen, der Milch seiner Weiden, den Früchten der Felder. Solche Inseln, die kleinen Ländern gleichen, auf welchen alles mehrmals vorhanden ist, Kirchtürme und Marktplätze, Häfen und Friedhöfe, gibt es in allen Meeren. Sie sind Inseln von Rang; reich, behäbig, selbstsicher breiten sie sich vielbuchtig auf

Heinz Trökes
VORLIEBE FÜR INSELN
Zeichnung

dem Wasser aus. Oft zeigen sie an jeder Küste ein anderes Gesicht, Bornholm seine Dünen im Süden, seine Felsklippen im Osten, eine gewaltige Burgruine im Norden und ein Felshafenbecken im Westen.

Ähnlich verhält es sich mit Martha's Vineyard, einer Insel vor der Küste Neu Englands, das ebenfalls dem Modell der Paradiesinsel entspricht. In reichen Fischgewässern, mit Kreidefelsen und weiten, stillen Sandbuchten am Nordufer zum Sund gewandt, langen Sandstränden zum offenen Meer hin, an welchen die hohen Wogen aufschlagen, mit blumigen Gärten, tiefgrünen Weiden, Wäldern und Feldern, wo Mais und Sonnenblumen stehen, und so verschiedenartigen Städtchen, daß sie in fremden Ländern zu liegen scheinen.

Auch in südlichen Meeren sind solche Inseln zu finden. Barbados ist eine von ihnen, zwischen Atlantischem Ozean und Karibischem Meer gelegen. Dieser schäumt wild an die Korallenfelsen der Ostküste in dauerndem Donnergroll mit hoch aufspritzendem Gischt, jenes schlägt sanft an die goldenen Weststrände, und dazwischen breiten sich Felder von wogendem Zuckerrohr bergauf und bergab im zerklüfteten Inselinnern. Sie schließen die kleineren Dörfer mit ihren bunten Holzhütten ein, die alten Plantagenhäuser in ihren Zaubergärten voller Hibiskushecken, mit Bananenpalme und Affenbrotbaum. Orchideen wachsen auf Palmenstämmen, seltsame Gemüse an verschlungenen Stauden, und draußen auf dem Meer fliegen Fische blitzend über die Wellen durch die Luft.

Wie anders die Inseln, die sich dem Land ganz entziehen, die nur Insel sind, nur Fels oder Sand. Auf Inseln wie diesen wurden so wunderbare Gedankengebäude errichtet wie die Sage vom versunkenen Atlantis, die nur das griechische Santorin mit seinen Vulkankratern hervorbringen konnte oder Wunderarchitekturen wie das Kirchen- und Klostergetürm über der Treppenstadt auf dem Mont-St.-Michel vor der Küste der Normandie: das vielstufige Berggebäude wird in vollkommener Harmonie über die still spiegelnde Wasserfläche in den Himmel gehoben. Aber noch andere Insel-Inseln gibt es, die sich auch dem Land entziehen, die nur sie selber sind, unberührt von Sagengebilden und Verwandlungen durch menschliche Hand. Zu ihnen gehört die wilde Felseninsel Monhegan im Atlantischen Ozean vor der nordamerikanischen Küste im Staat Maine. Bis zu fünfzig Meter hohe Granitfelsen mauern das kleine Eiland ein. Im Innern ist die Insel von dichtem Wald bewachsen. Dünne Pfade, oft nur einen Fuß breit, führen immer wieder auf die hohen Felsvorsprünge, die weit über der blauen Tiefe und dem weißen Gischt aufragen, umweht von den Winden, umflattert von Möwen, umgeben von ihrem Schrei.

Zu diesen Inseln gehört schließlich auch das ganz andere Juist. Es liegt nicht weit vom Festland, aber diese Entfernung bedeutet eigentlich nie viel für den Charakter einer Insel. Juist erhebt sich auch nicht hoch über das Wasser; das nimmt ihm ebenfalls nichts von seiner Inselnatur. Im Gegenteil, es macht dieses felsenlose, zarte, lange und stellenweise so schmale, wie über dem Wasser schwebende Inselgebilde zu einer Insel der Inseln, der gestaltgewordenen Inselidee. Nie könnte Juist alle, die es aufnimmt, erhalten. Kaum hätte es genug für die, welche das Jahr über dort leben, es sei denn, die sich ständig mehrenden Kaninchen wären die tägliche Kost. Das Meer ist arm an Fischen geworden, es gibt weder Felder noch Wälder. Juist ist Insel und verschmäht es, das nahe Land nachzuahmen. Es nimmt es jedoch in Anspruch, um sich zu erhalten, wie einen Tribut, der ihm gebührt.

Diese Insel ist daher imstande, all das aufs großartigste und großzügigste zu gewähren, was jede Insel besitzt, die Insel-Insel aber in besonderem Maß: in der Begrenzung Freiheit, in der Isolation Gemeinschaft und in der Abhängigkeit Souveränität.

Die Begrenztheit dieses Inselrückens, der stellenweise nur ein Rückgrat zu sein scheint, wird, kaum hat man ihn betreten, ganz deutlich. Wendet man sich vom Landeplatz nach Westen, ins Loog, dem anderen, kleineren, in die Dünen geduckten Ort, so ist man bereits am Ende dessen, was die Zivilisation zur Topographie von Juist hinzugetan hat. Aber steigt man dann auf den Dünenkamm, der dort die Nord- von der Südseite der Insel trennt, so erstreckt sich zur Rechten wie zur Linken dieser weiße, schimmernde Strand, und sein Ende ist nicht abzusehen. Einige Sandbänke sind im seichten Wasser dem Strand noch vorgelagert, und dann schweift der Blick ungehindert hinaus ins Blaue. Nichts verleiht ein stärkeres Gefühl der Freiheit als dies Sehen und Gehen auf dem engumgrenzten Stück Sand- und Dünenboden: am frühen Morgen, wenn die Farben sanft und pastellen schimmern, wenn der Himmel fast lila erscheint und das Blaßgrün des Strandhafers sich mit dem zartweißen Sand vereint und ohne Widerspruch mit der Farbe des Himmels verbindet, oder am Mittag, wenn die Sonne hoch steht und kühlende Winde von allen Seiten die schmale Insel umwehen und die lange Sandwanderung zurück von der Domäne Bill in einen Zustand der Wunschlosigkeit führt, oder am späten Nachmittag, wenn sich die Farben vertiefen, die bunten Strandzelte fast funkeln und diese ganze Strandmenschheit ein Abbild der uralten Paradiesvorstellungen gibt.

Wer immer oder die meiste Zeit auf Inseln lebt, lebt anders. Mit den wenigen muß ein Auskommen sein, und das ist es auf Inseln gewöhnlich in größerem Maß. Zwar gibt es wohl auch nirgendwo sonst mehr Sonderlinge, Eremitengestalten, die sich in ihre Hütten zurückziehen wie auf weitere Inseln und die die seltsamsten Arrangements für ihr Leben treffen. Aber es ist zu vermuten, daß es auf Inseln auch weniger Feindschaften gibt als auf dem festen Land. Ganz sicher dagegen gibt es dort eine ganz besondere, ganz herzliche Geselligkeit. Die meisten Inselbewohner haben sich diese Lebensform und diesen Lebensort nicht aus Menschenscheu ausgesucht, sondern in dem Wissen, daß gerade in dieser Isolation viel engere Verbindungen gedeihen können als auf dem unbegrenzten Festland, wo man sich so leicht verliert.

Inseln wie diese, die eine so vielfältige Abhängigkeit bewußtmachen – von Wind und Wetter, vom Nächsten, nicht zu reden vom Gang der Welt, der es vielen ermöglichen muß, Inseln wie diese aufzusuchen, damit die wenigen dort ihr Auskommen haben –, diese Inseln gewähren schließlich das Gefühl, ein Stück Erde, und sei es das kleinste, fragilste, zu beherrschen. Auf diesen Inseln ist das Hier und Jetzt bestimmbar und überschaubar, es ist zu bewältigen. Ein Ufer ist abzuschreiten, die Insel zu umrunden, der Gedanke der Vollendung in der Begrenzung bietet sich auf der Insel an. Auf einer Insel weiß man bald, wer zu welchem Haus gehört, man kann zu bestimmten Stellen immer wieder gehen, weil es nur wenige gibt. Man kann sie in verschiedenem Licht sehen, im Regen, im Sturm. Die Wohltat der Wiederholung ist auf Inseln zu spüren wie sonst nur in der Musik. Man kann Inseln hören und man kann Inseln fühlen, man kann sie kennen wie sonst keine anderen Orte.

Inseln geben trotz aller Ausgesetztheit ein ganz unvergleichliches Herrschergefühl. Dichter haben es gespürt und beschrieben. Aber der Herr der Insel ist jeder, der sich dort befreit und seine eigene Insel erschafft, auf Bildern oder in Gedanken. Utopia – Orplid – Perdita.

Monika Taubitz

Juist-Gedichte

Betrittst du die Sandbank,
sei achtsam!
Die schillernden Muschelscherben
sind scharf geschliffene Messer.
Verweile nicht länger
bei dem wahllosen Strandgut
deiner Erinnerung.
Abhängig von den Gezeiten
verwehrt sich dir
sein Besitz.
Sei ein wachsamer Gast!
Denn die Flut steigt,
noch ehe die sinkende Sonne
das Zeichen zum Aufbruch
erteilt.

Muschel,
kleines wohlverschlossenes Zuhause
aus der Wellenwiege des Meeres.
Die gewaltige Mutter,
deren Schoß wir
vor Jahrmillionen vergaßen,
warf in den Sand
das herzförmige Zeichen.
Und sie schloß
ein Wiegenlied ein
für den unruhigen Schlaf
ihrer verlorenen Kinder.

Düne, weißer Wanderberg!
Statt festen Grundes
den Wandel tief innen
und die Lust,
jedem Anruf zu folgen.
Der benachbarten Welle
sich zu verschwistern,
Wolke zu sein
im Luftschiff der Stürme.
Ein behutsamer Schritt
und ein Flügelschlag
vermögen den schlafenden
Puls zu wecken:
Im Rieseln des Sandes
den Herzschlag Nie wieder,
in der grundlosen Düne
den Wandel tief innen.

Monika Taubitz

Inselsommer

Und wieder hat es dich gepackt ... Du steigst in einen der überhitzten Züge, die das Land von Süd nach Nord durchqueren. Du sitzt im Kurswagen Norddeich und bleibst darin bis Endstation Mole. Dort springst du hinaus, frisch weht der Wind vom Wattenmeer her. Die ersten Möwen empfangen dich schreiend und mit bösem Blick. Dein Schiff jedoch liegt wartend in freundlichstem Schneeweiß am Kai. Obschon noch einige Zeit bis zur Abfahrt vergehen wird, bist du auf einmal ungeduldig wie ein Kind und gehst verfrüht an Bord. Dort stapeln Kisten und Gepäck übereinander. Vereinzelt haben Fahrgäste schon Platz genommen, stehen wieder auf, wandern gleich dir auf Deck umher und strecken die Nasen inselwärts. Neue Gäste steigen zu, umsprungen von quirligen Kindern und beladen mit seltsamsten Gepäckstücken. Mit Vogelbauern, Fernsehgeräten, Fahrrädern, zusammengeklappten Windzelten, Luftmatratzen, Eimern, Schaufeln, Gießkannen und lustigbunten Windrädchen werden sie der Insel zu Leibe rücken.

Deine Augen wandern hinüber zum Hafen, wo die Fischkutter ankern, die Krabbenfischer sich klappernd mit ihrem Fang beschäftigen und die weißen Maste sich schaukelnd bewegen. Weiter folgst du der geraden Linie des Deiches, hinter der sich die mächtigen, tief herabgezogenen Dächer der Marschhöfe verstecken. Zur Rechten erblickst du das »Fährhaus« und die riesigen Quadrate, auf denen Hunderte von parkenden Autos dem weiten Land unter dem großen ernsten Horizont eine unpassende bunte Note geben.

Endlich läutet die Schiffsglocke, die schweren Taue werden gelockert und an Bord zu Kreisen geworfen. Wir legen ab! Und damit läßt du den Alltag hinter dir, das Festland weicht zurück, bleibt in der Ferne als dunkler, schmaler Streifen zwischen dem Watt und einem immer weiter werdenden Horizont. Inzwischen peitscht der Regen gegen die Fenster des leise schaukelnden Schiffes und läuft in eiligen Vorhängen vor dir ab. Immer von neuem perlt silbriges Grau vor deinen Augen nieder und verhängt das Grau des Wattenmeeres, das Grau des Himmels und das dunklere Grau des fernen Inselbogens. Du bist ganz eingehüllt in das wechselnde Grau und vernimmst nur undeutlich die Geräusche hinter dir, bis die Anlegestelle erreicht ist.

Eine kräftige Bö begrüßt dich mit einem erfrischenden Guß und dreht dir den Schirm um. Du klappst ihn mit Mühe zusammen und steckst ihn verschämt weg, bevor dir dieses für eine Insel unpassende Requisit vom Wind aus den Händen gerissen wird.

Lächerlich auch deine kunstvoll gelegten Locken, der Wind hat sie dir im Handumdrehen zu einer phantasiereichen Wildnis getürmt, noch ehe du die kleine Inselbahn erreicht hast.

Vor dem Bahnhof warten inmitten einer fröhlich durcheinanderwinkenden Menschenmenge Pferdebus, Kutsche und Rollwagen. Kein Motorenlärm wird deinen Schlaf stören. Wenig später zeigt dir eine freundliche Wirtin deine Bleibe: ein helles Zimmer mit Vogelnestaussicht. Und du weißt, wie wenig du benötigst, um mehr als zufrieden zu sein: die wenigen Möbelstücke im Zimmer, die paar Dinge aus deinen beiden Koffern. Draußen vor dem Fenster ist alles versammelt, was der Mensch im Leben und im Tode braucht: Kirche, Friedhof, Arzt- und Apothekenhaus, Kaufmannsladen, Feuerwehr, Wasserturm und Bierniederlage. Weiter entfernt, aber sichtbar einiges aus des Lebens

Überfluß: Kurhaus, Hallenbad, Hotels und Gastwirtschaften, eine Buchhandlung um die Ecke. Einige hundert Meter weiter die kleine Hauptstraße mit ein paar Läden, in denen alles zu haben ist.

Du blickst befriedigt aus deinem Fenster über die verklinkerten Häuser in ihrem kräftigen Rot, zu den Dünen hinüber und hinauf zum Himmel, wo sich bereits die Wolken gelichtet haben und Möwen ihre Kreise ziehen. Der Abend am Meer beschert dir einen unvergleichlichen Sonnenuntergang, ein unerhörtes Feuerwerk von Farben, das Meer und Himmel und Insel zu einem großen Fest vereint. Einige einsame Strandwanderer sind gleich dir Zeugen eines der wenigen Wunder unseres Lebens, die wiederholbar sind.

Morgen wird der Strand sein Tagesgesicht zeigen und seine bunten Wimpel aufgesteckt haben aus spielenden Kindern, Muschelsammlern, Burgenbauern, Wasserträgern, Sonnenanbetern, Ballspielern und auch Sonderlingen. Angesichts der im Schweiße ihres Angesichts grabenden Burgenbauer wird dir der Beweis in die Hände fallen, daß Arbeit nicht nur aus Notwendigkeit, Profitgier oder dem Drang, etwas Bleibendes zu schaffen, geleistet wird, sondern ein Urbedürfnis des Menschen ist.

Glücklich fällst du in tiefen Schlaf. Glücklich und wunderbar erfrischt tauchst du morgens wieder auf. Inselglücklich! Weiß der Himmel, wann du das erste Mal der Verzauberung der Insel verfallen bist. Du erlaubst dir erneut für ein paar Wochen den unsozialen Luxus, ein Einzelwesen zu sein, das sich um niemanden kümmert, außer in Notfällen. Alles hältst du dir vom Leibe, wenn auch mit etwas unlauteren Methoden. Im schlimmsten Falle wirfst du beispielsweise die unmöglichsten Ansichten in die Diskussion, die sich beim gemeinsamen Frühstück mit anderen Gästen des Hauses entspinnt. Und du bist ziemlich sicher, daß sich daraufhin niemand bei der folgenden Morgenwanderung an deine Fersen heftet. Schon bist du frei!

Du schwingst dich hinaus, dünauf, dünab, mit weichen Schritten im rieselnden Sande, immer das Rauschen des Meeres im Ohr. Du setzt dich einfach auf eine Wolke und segelst mit ihr davon. Du vergißt die Anziehungskraft der Erde und lachst vor dich hin und bietest dem Wind keinen Widerstand.

Strandhafer bewegt sich in sanften Wellen, kleine gelbe Blüten tausendfach in den Dünen, wilde Rosen, die ihren süßen Duft mit dem salzigen Geschmack der Seeluft mischen, Möwen, die silberweiß an dir vorübergleiten, schreiend dich überfliegen. Und dann am Strande, die nackten Füße auf jenem geheimnisvollen Streifen Meerlandes, jenem Sand, der niemandem gehört, um den Land und Meer in sechsstündigem Wechsel ringen, immer wieder, nur selten mit einem verheerenden Ergebnis für die Insel, und ewig so fort.

Da gehst du nun, in blendendes Sonnenlicht getaucht, und nichts ist dein Besitz. Du spürst nicht mehr das leichte Gepäck auf deiner Schulter, dein Fuß ist von leise auslaufenden Wellen umspült, ringsum schillernde Muscheln verstreut, niemandes Besitz mehr, leer und doch Blinkfeuer und Zeichen.

Schwimmen im Meer! Auch jetzt oder gerade bei stürmischem Wetter und starker Brandung empfindest du mittendrin das herrliche Gefühl, das zu den schönsten Freuden der Erde gehört. Da heißt es aufpassen, immer auf etwas gefaßt sein. Traue nicht dem Dichter, der da von dem gleichförmigen Lied der Wellen schreibt. Das ist falsch. So schreibt einer, der auf dem Trockenen sitzt, der das Meer nur vom Fernseher her kennt oder vom Ölgemälde eines ohnmächtig kämpfenden Malers. Nein, da mußt du schon auf der Hut sein. Immer ein Auge auf die ungewissen Ungeheuer richten, die unregelmäßig anrollen, versuchen, ihnen hinter die Schliche zu kommen, berechnen, ob du sie springend bezwingen kannst oder dich tauchend vor ihnen ducken mußt. Und vergiß nicht, immer kannst du dich irren. Irgendwann, wenn du pfiffig vor dich hin lachst oder gar triumphierend inselwärts blickst, nimmt dich womöglich ein Brecher unversehens in die Mühle, veranstaltet mit dir einen Wirbel, daß dir Hören und Sehen vergeht, und wirft dich nach dem rauhen Spaß einfach weg wie irgendein Stück Treibholz. Aber du bist schon längst im nächsten Wirbel, läßt dich dieses Mal nicht einfach abschütteln wie wertloses Strandgut. Du bist wieder obenauf, läßt dich schaukeln und treiben und springst rechtzeitig ab. Das ist wunderbar! Gewiegt im Schoße der Jahrmillionen alten Mutter. Und du bekommst die Bestätigung der Theorie, das Meer sei die Urheimat alles Lebendigen. Selbst was durch deine Adern rinnt, ist seiner Zusammensetzung nach dem salzigen Meerwasser nahe verwandt. Und glaubst du das nicht, dann sinne in einer nicht zu trüben Minute dem salzigen Geschmack deiner Tränen nach ...

Heute hängen schwere Gewitterwolken über uns. Eine schwarze Wolkenwand gleicht einem Schwert, das die Insel teilen möchte, und weckt eine uralte Erinnerung an das Schicksal der Insel. Stahlgrau ist das Meer, von Zeit zu Zeit von Sonnenstrahlen zu einem eigentümlichen dunklen Leuchten gebracht. Grell blitzen die weißen Gischtkronen der schweren Brecher auf. Weißer Schaum zergeht schillernd zu deinen Füßen. Inzwischen schieben sich schwarze Wolkenmassen ineinander, türmen sich auf, Regen rauscht kurz und heftig nieder. Du rettest dich in eines der verlassenen Strandzelte und vernimmst das unerhörte Trommelkonzert auf der Dachplane. Das aber war erst die Ouvertüre, und doch bist du jetzt schon versucht, Beifall zu klatschen. Urplötzlich reißt der Wolkenvorhang auseinander, am Horizont taucht ein Schiff auf, geisterhaft wie der »Fliegende Holländer«. Nebelhaft verschwindet es im nächsten Augenblick. Blitze zucken ihm nach, und Donner mischt sich in das aufgebrachte Brausen des Meeres. Der Regen rauscht in dein Behelfsheim. Der Sturm greift im Vorüberrasen danach, kurz nur, aber genug, um dich wissen zu lassen, daß er in einer übermütigeren Laune fähig sei, diese lustigbunten Sommerzelte durcheinanderzuwerfen.

Du machst dich schon auf allerlei gefaßt, zumindest auf einen langen, kühlen Aufenthalt in dem engen Gehäuse, da läßt unvermittelt das Brausen nach. Wenig später werden die Wolkenkulissen wie von unsichtbarer Hand weggeschoben. Der blaue Himmel schaut dich groß und klar an, und du blickst aus nach endlosen, immer ferneren Horizonten. Den Kopf weit in den Nacken zurückgelegt, beobachtest du, wie die schwarzen Gewitterwolken, die inzwischen helle Strahlensäume bekommen haben, abziehen. Ihnen folgt eine lockere Herde weißer Traumgebilde, die Luftschiffe deiner Kindheit drüben an Deich und Siel. Nur der Westwind vermag so rasch wechselnde Phantasieformen zu erzeugen. Fasziniert erlebst du die Geburt eines Pferdes, das rasche Aufblühen einer üppigen Blüte und ihr leises Verschmelzen mit dem großen Gesicht eines Gottes. Schaudernd empfängst du in den eilig über dich hinwegziehenden Schattengrüßen ihre kühle Liebkosung. Dann wieder bist du einbezogen in das Himmelsgeschenk des unverstellten Lichtes.

Das Meer ist zum endlosen Sammelbecken der Bläue über dir geworden. Tiefdunkles, die Seele erlösendes Blau, Ozeanblau. Sprich dieses Wort, und du vergißt seine falsche Tönung auf Werbeplakaten. Sprich es immer wieder vor dich hin: Ozeanblau, Ozeanblau ... Und du schmeckst seine kühle salzige Tiefe und hörst den endlosen Nachhall, der nur dem äußeren Ohr verklingt.

Du hast das Westende der Insel erreicht, das seinen Bug mit weiten Muschelfeldern ins Meer schiebt. Ganz in der Ferne zwei menschliche Gestalten, ein paar Reiter am Strande. Hoch über dir eine Schar Wildgänse. Ringsum Sand, Sand. Sand, dem die letzte Flut Wellenform gegeben hat zum Zeichen ihrer Wiederkehr. Zwischen Muscheln, leeren Krebsschalen, Möwenfedern, grünem Seetang, rotfüßigen Strandläufern, Holzkisten, gestrandetem Treibgut – vielfältige Spuren.

Langsam watest du durch das laue Wasser eines langgestreckten Priels zur Sandbank hinüber. In den feuchten Sand schreibst du, daß das Vergängliche im größeren Raume des immerwährenden Wandels bewahrt wird. Deine Schriftzüge erscheinen dir fremd auf diesem ungewohnten Grund. Sie erinnern an die großen ungelenken Buchstaben eines Kindes, das sich abmüht, ein bisher nie gehörtes Wort zu begreifen und fehlerfrei zu schreiben. Während des Sommers werden dir manche Zeichen geläufiger werden. Und wenn du die Insel eines Tages verläßt bei steigender Flut und mit hastig gepackten Koffern, bleibt dir das Geheimnis von einem neuentdeckten Kontinent deines Innern.

Martin Luserke

Juist – verwunschene Insel

Wrongrooge – dat Rowerland, Juist – dat Towerland . . . Die alte gereimte Aufzählung der Ostfriesischen Inseln hat in jenen Zeiten wohl keine Eigenart der Landschaft besagt, sondern nur, daß die Bewohner unseres Eilandes in dem Ruf standen, noch eifriger als sonst die Leute in so abgelegenen Gegenden der Hexerei ergeben zu sein. Doch hat Juist auch auf uns weltabgeschieden und in besonderem Sinne verzaubert gewirkt, als wir vor nun schon dreißig Jahren die Inseln von Wangerooge her entlang reisten. Wir suchten nach einem Platz zur Ansiedlung unserer Schule am Meer.

Ist Juist doch – 14 km lang, aber im Durchschnitt nur 1 km breit – mehr eine schmale, in der Stromrichtung gestreckte Sandbank als eine »richtige« Insel; eigentlich nur ein einziger Kamm mittelhoher Dünen krönt sie. Zwischen dem Loog und der Augustendüne erscheint sie, wie das nautische Handbuch sagt, »von See aus größerer Entfernung gesehen fast durchbrochen«.

Nur an wenigen Stellen braucht es auf ihr mehr als nur einen kurzen Weg auf das Sandgehügel, um Watt und Meer zugleich zu erblicken. Bei windigem Wetter hört man fast überall die See branden; das ganze Juist – das heißt Geest – ist ein Niemandsland zwischen zwei Fronten des Wassers. Nicht weniger menschenfremd als die gelegentliche Wildheit auf der Nordseite wirkt an stillen Tagen das lautlose Wachsen und Zurückschrumpfen der blanken, unabsehbaren Flächen gegen das Festland hin.

Genau in der Mitte dieser Nehrung fanden wir das Seebad breit und schon damals stattlich angesiedelt. Von Osten, vom Kalfamer her, erreichte man es durch eine einzige Ödlandschaft. Westlich kam man dann nach einer halben Stunde Weges zu den wenigen Häusern »im Loog«. Wiederum nach so langer Wanderung: dort, wo die Dünen plötzlich eine kurze Strecke lang höher und breiter wurden, hauste einsam der verdiente Heimatforscher Leege. Seine damals niedrigen Anpflanzungen sind heute ein Wald; der Hammersee, damals ein abgedämmtes seichtes Wasser, ist inzwischen zugewachsen. Endlich erreichte man in der völligen Einsamkeit des Westendes, wo die Insel in den Sandriffen der Oster-Ems zu versinken scheint, die Domäne Bill. Die Macht der Strömung bewirkte dort an der Vogelinsel Memmert und in den letzten Dünen vom Wasser herauf in den Jahrzehnten so erstaunliche Veränderungen, wie sie der Mensch im Badebetrieb längs der ganzen Insel seither vollbracht hat...

Wir kamen allerdings mit anderen Plänen, als nur die Heilkräfte der Seeluft, Salzwasser und Ferienruhe zeitweilig als Kur einzusetzen; wir wollten uns dort am Ende der Welt auf Dauer ansiedeln. Vielleicht darf die Richtung dieser pädagogischen Unternehmung hier damit angedeutet werden, daß wir uns im Gegenteil gerade an einem Anfang der zivilisierten Welt festzusetzen gedachten. Der Leser wird uns wohl beipflichten, daß die Eigenart der Insel Juist von uns nach einigen Jahren viel ernstlicher erlebt werden mußte, als wenn man sie sich nur als Ferienziel im Prospekt ausgesucht hätte. Doch auch in diesem Falle könnte die Weitergabe einiger Eindrücke nützlich sein..

Juist, die verwunschene Insel, das klingt gewiß nach einem romantischen Slogan. Daß aber Meer und Watt so eindringlich stets zugleich erlebt werden, daß die Insel kein fester Erdboden, sondern nur der vom Wind aufgehöhte Kamm eines meilenbreiten Sandstromes ist, der ungeheuerlich langsam von der Rhein- bis zur Elbmündung wandert mit gleichgerichteten Unterwasserkämmen auf beiden Seiten, daß also auch der Sand hier offenkundig zu den Naturmächten gehört – all das wurde mehr und mehr zu einer höchst realen Grundlage unserer Erfahrung.

Höchst reale Erlebnisse, wie man sie auf jeder der Ost- und Westfriesischen Inseln von Wangerooge über Borkum bis Terschelling und Texel haben könnte, wirkten auf Juist häufig eigentümlich zwielichtig; oft geschah das erst, nachdem sie für uns Binnenländer alle Romantik verloren hatten. Immer wieder einmal, wenn man in die Dünen oder an den Strand ging, war das mehr als nur eine Ortsveränderung in den unveränderlichen Umständen einer Gegend. Man wurde sich des elementarischen Treibens in ihr bewußt.

Bei Nebel geschah es mehr als einmal am Strand und bei Tageshelle, daß einer, der vom Geräusch der Brandung geleitet ging und an das Wasser zu kommen meinte, plötzlich auf die Sandhänge der ersten Dünen stieß.

»Verhext ist diese Gegend«, sagte man unwillkürlich bei einem solchen Abenteuer. Es konnte fast beängstigend wirken, wenn man umgekehrt vom Tosen der See wegstrebte und der Brandung plötzlich gegenüberstand – zur Zeit des Aufflutens strömte das Wasser dann bald heftig in den seichten Priel, den man kurz vorher bequem durchwatet hatte . . .

An jedem Strand und auf See kann diese Verzauberung im Nebel erlebt werden; der Schall verfängt sich zwischen den Wänden verschieden dichter Luft. Auf Juist aber wirkte sie, besonders wenn der Strand mit dem Ende der Saison verödet war, besonders unheimlich. Wußte man doch, wie dies ganze Eiland seine Menschen als eine vierzehn Kilometer lange und schmale Sandbank zwischen immer tieferen Prielen auf der Seeseite und den zwei gegen eine Untiefe zusammenstrebenden im Watt gefangen hielt! Ohne Hafen und Befeuerungen streckte sich die verwunschene Insel zwischen ihren größeren und leichter zugänglichen Nachbarn; nachts markierten sie aus 20 km Entfernung mit ihren

Leuchttürmen den Dünenkamm jenes 250 km breiigen Fließens von Wasser und Sand zwischen Texel und Wangerooge. Der Luftweg war damals ja noch nicht befeuert. Auf See ging die gekennzeichnete Fahrstraße im Norden fast außer Sicht vorbei; der Fahrweg nach dem Festland war gewinkelt und doppelt so lang wie die Luftlinie.

Diese Entlegenheit konnte eine Zeitlang gewiß vor allem romantische Empfindungen erwecken: wenn die Dünen im Sturm rauchten, wenn der Strand bei Ebbe die Zebrastreifen des trockenen Stiebens zeigte und der feine Sand bei uns durch alle Fenster auf der Wetterseite drang – all das war schon ein Abenteuer am Ende der Welt! Doch zwang es bald zu einer sehr realistischen Selbstbehauptung, daß der einzige Schutz gegen das Sandwehen eine geduldige Dünenpflege mit Hilfe von Halmenpflanzungen war. Und daß wir lernten, Windschutz für unsere Gärten zu schaffen und in der reinen Luft und starken Sonnenstrahlung herrliche Blumen zu ziehen, ließ die Empfindung zu der umschlagen, an einem Anfang der Welt zu sein . . .

Das Segeln auf dem Watt war bei der ständigen Notwendigkeit, mit Tiden und Strömungen zu rechnen, noch in einer anderen Art sportlich, als wenn man nur, wie überall auf dem Wasser, mit wenigen Mächten zu tun gehabt hätte. Freilich wurden wir auch dabei manches Mal daran erinnert, daß Juist verwunschenes Land war. Öfters ist es bei einer nächtlichen Heimkehr vom Memmert geschehen, daß wir im Glauben, bereits querab von den Lichtern im Loog zu sein, zu früh landeten; beim Waten ans Ufer verschwanden die Lichter wieder, und endlich standen wir vorm Stranddornwall der Hammerdünen. Die Richtungen seien geradezu verhext, schimpften wir dann, obwohl uns im Grunde natürlich klar war, daß man im Dunkeln und ohne Peilungen leicht von der Strömung genarrt wird. Auf Juist war diese stockfinstere Uferstrecke aber fünf Kilometer lang . . .

Unromantisch und dennoch auch bei längerem Aufenthalt immer wieder abenteuerlich war die Sache mit dem

Strandgut. Einmal fand sich der Strand an einem Vormittag kilometerweit mit Zitronen übersät, die sich als noch völlig genießbar erwiesen. Abenteuerliches Getier kam gelegentlich, wie einmal ein übergroßer Tintenfisch, fremdartige Vögel, wie ein Singschwan und ein Eismeeralk. Wichtig war vor allem das Schnittholz von Decksladungen.

Nach einer Sturmflut kamen einmal Abflauen und Ebbe bei der Nacht. Die ganze Insel war natürlich auf der Holzsuche – stumm und ohne daß einer dem anderen in die Quere geriet. Wir nahmen das Westende auf uns. Um zwei Uhr war stiller Alarm, nur die Kinder mußten in den Häusern abwarten. Wir streiften in Suchgruppen aufgeteilt bei schwacher Helligkeit und Meerleuchten nach Westen, immer neben der Brandung hin. Schließlich sah der eifrige erste Trupp ein Licht auftauchen und immer wieder verschwinden. Er glaubte sich noch querab von der Bill und daß der damalige, uns befreundete Pächter mit Pferd und Wagen und Laterne unterwegs sei. So rannten und gingen sie auf das Licht zu, das wie verhext nicht näher kommen wollte; sie liefen, ohne zu merken, daß sich die Brandung umgebogen hatte. Plötzlich waren sie im seichten Wasser, das rasch tiefer wurde – da erst entdeckten sie, daß sie der Leuchtturm von Borkum gelockt hatte ...

Doch wäre es wohl auf Juist noch sinnloser als anderswo auf den Inseln gewesen, das Vorhandensein menschenfremder Mächte hauptsächlich in den düsteren, ja gefährlichen Zufällen zu vermuten. Zum Schluß sei noch einmal auf das Erlebnis hingewiesen, das uns am stärksten gedrängt hat, von Juist als der verwunschenen Insel zu reden – es war die Sonne von Juist.

Überall an der Nordsee erscheint die Landschaft bei klarem Wetter ja dadurch eigentümlich verzaubert, daß die Sonne in der staubfreien Luft kräftiger strahlt und man gerade in den Mittagstunden etwas wie einen schwärzlichen Hintergrund über dem Himmelsblau erkennt. Auf der Nord- und Schattenseite des Dünenkamms konnte man sich dann in einer Kuhle von unsagbarer Einsamkeit umgeben finden. Dies Gefühl kam nicht nur aus dem Bildhaften – etwa der Umschlossenheit von Kraterrändern des Sandes oder aus der Lautlosigkeit, die vom Raunen der Brandung so fremdartig überlagert wurde, daß man sich schließlich wie auf einem anderen Planeten aufgesetzt fühlen konnte. Hier standen ja als einzige lebendige Gesellschaft immer noch die Halme des Strandhafers! Man wußte vom Abenteuer ihres Daseins, in dem sie sich gegen die steigende Verschüttung durch den Sand mit zähem Weiterwachsen zu behaupten verstanden – aus vier Meter Tiefe heraus spürte man es! Und plötzlich wußte man auch von dem ganzen, vierzehn Kilometer langen Sandrücken Juist . .

So wenig nur von der Menge tatsächlicher Erfahrungen war hier noch nötig, um dennoch ungeheuere Wirklichkeit zu erkennen, daß alles plötzlich herzstärkend groß und dicht vorhanden war: das Abenteuer des Lebendigen im Elementarischen.

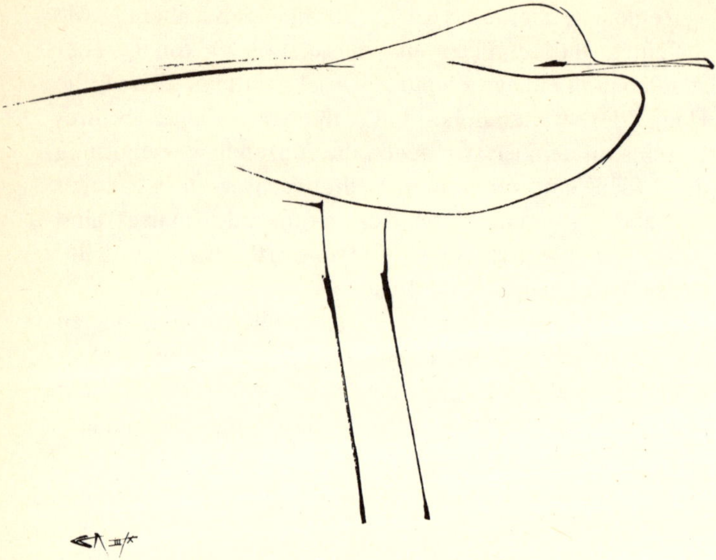

Hannes Gaab
MÖWE
Zeichnung

Elisabeth Axmann

Möwe

In der Stille der Dünen
Verließ sie den Sommer,
Die Wärme,
Den Glanz des Meeres;
Legte ihr Leben
Dem Winter zu Füßen,
Bot ihre gefiederte Brust
Dem streichenden Wind dar
Und entließ ihre Flügel,
Dem Sturm zu trotzen.

Hansjörg Martin

Die Himmel über dem Memmert

Im Gegensatz zu meinen meist reisefreudigen Freunden bin ich – was räumliche Veränderungen angeht – eher konservativ. Ich mag mein Haus und meinen Schreibtisch viel zu sehr, um Lust auf Luftwechsel zu haben. Deshalb kann ich auch nicht mithalten, wenn die Rede davon ist, wie wunderbar die Wachteln auf Weinkraut in jener Wiener Geheimtipkneipe schmecken, oder daß man unbedingt die Cuevas del Drach in Porto Christo gesehen haben müsse, um zu wissen, was eine Höhle ist.

Ich höre neidlos zu und freue mich, wenn irgendwer wieder irgendwo irgendwas entdeckt hat, wovon er schwärmt; doch ich weiß, wie gefährlich solche Entdeckungen für das entdeckte Idyll, für das gefundene letzte Stückchen Paradies sind. Bei den Cuevas del Drach in Porto Christo kann nichts mehr passieren, weil es auf zwei oder drei Busladungen neugieriger Touristen auch nicht mehr ankommt, aber die Wachteln auf Weinkraut in der Geheimtipkneipe in Wien werden bestimmt nicht besser, sobald sie in aller Munde sind. Trotzdem will ich von einem Stückchen Paradies schwärmen, das ich kennengelernt habe – ich kann es ruhigen Gewissens tun, weil keine Gefahr besteht, daß morgen dort Eisbuden und Andenkenläden, Fremdenführer und Autokolonnen die Schönheit verschandeln können.

Das Inselchen, von dem ich schwärmen will, heißt Memmert, liegt – wenn ich mich nicht sehr irre – südwestlich von

Juist und darf nur in Ausnahmefällen von Fremden betreten werden. Die wattwandernden Feriengäste auf Juist können Memmert – der Memmert? die Memmert? das Memmert? – liegen sehen, aber sie können nicht ohne weiteres hin, weil es zu weit weg ist, weil die Priele zu tief sind und weil es ihnen geschehen könnte, daß der einzige Bewohner des Inselchens, der Inselvogt und Vogelwart, sie wegschickt, sobald sie den Strand oder gar die Dünen erkunden wollen.

Darf der das? Gewiß, der darf das! Denn der Memmert – ich glaube doch, die Insel heißt *der* – ist Vogelschutzgebiet und Brutkolonie und damit ganz und gar ungeeignet für Ausflügler aller Art.

Soweit Lage- und Ortsbeschreibung. Es erübrigt sich zu schildern, wie man dorthin kommt, denn man kommt ja nur mit Ausnahmegenehmigungen verschiedener Behörden dorthin, die so komische Bezeichnungen wie »Wasserstraßenbauamt« oder ähnlich haben – und mit der ausdrücklichen Erlaubnis des Inselvogts. Da der vorige Inselvogt glücklicherweise ein Schulfreund meiner Frau war, bin ich dreimal auf dem Memmert gewesen, zweimal im Sommer, einmal im Winter. Es war abenteuerlich schön. Ostfriesland und seine Inseln sind sowieso schön, aber in meiner Erinnerung sind die Himmel über dem Memmert noch schöner als die über Juist und Spiekeroog, Baltrum und Langeoog – von denen über Norderney und Borkum ganz zu schweigen, wo die Wolken und der Horizont von häßlichen Hochhäusern zerschnitten werden. Ich habe den einen Sommer in einer wirklich und wortgetreu windschiefen Bretterbude gewohnt, hatte den Sand, der durch die Ritzen drang, zwischen den Zehen und im Haar, auf dem Brot, in der Suppe, hatte die Möwenschreie im Ohr, den Wind auf der Haut und das Gefühl von Freiheit unter der Haut. Mir ist dort, wo Natur noch gehütet und nicht gehindert wird, ganz schnell klargeworden, wieviel andernorts kaputt ist und kaputtgemacht wird. Und ich habe erfahren, was Sturm ist, welche Kraft Wasser hat, wie eindrucksvoll Einsamkeit sein kann.

Angst hab ich gehabt, wenn die Dünen bei Brandung bebten ... Wer hat schon noch Angst vor solchen Geschehnissen? Und Glück hab ich gespürt, wenn ich – fast regungslos im Gesträuch versteckt – das Familienleben der Seevögel in der Brutkolonie beobachtete. Wer ist über so was schon noch glücklich?

Memmert ändert sich, nein, er wird von der See verändert, wird im Westen von den Wellen abgebissen und im Osten wieder angeschwemmt. Die Insel wandert. Gebe der dafür zuständige Gott, daß niemals ein Wasserstraßenbauamtsdirektor oder ein Schiffahrtsgroßaktionär aus Renditegründen unter dem Vorwand, die Menschheit beglücken zu müssen, den Memmert »befestigt«, bebaut, »nutzbar macht«! Gebe der Himmel, daß die Himmel über dem lebenden Inselchen frei bleiben von jenem Fortschritt, der sich in Beton und Asphalt manifestiert, daß der Horizont um den Memmert von nichts anderem durchschnitten wird als von Vogelschwingen.

Hedwig Börger

Nördlicher November

Kieloben liegt im Wattenschlamm,
Verwesung in des Rumpfes Höhle,
Sumpfgrau der alte Fischerkahn,
Ein Buckel, fern am Buhnendamm,
Wo zwischen Rusch und Tanggepröle
Bald Unke und bald Muschel haust.
Sonst nichts als grauer Schieferplan,
An dessen Saum die Sonne friert. –
Gut, daß der Dornbusch, windzerzaust,
Der Wächter auf dem Dünenkamm,
Mit violettem Filigran
Den Untergang des Tages ziert.

Hedwig Börger

Sturm am Meer

Du reißt gewaltsam Mensch vom Menschen los.
Du peitschst den Leib uns von Verkleidung bloß.
Wer bist du? – Übermacht von drüben her? –
Und wir? Wär'n wir denn ohne Sturm am Meer
Die Brandung und die aufgeriß'ne Tiefe,
Aus der uns dunkel Gottes Stimme riefe
Zu namenlosen ungesäumten Weiten? –
O Sturm, zerbrich in uns die Sicherheiten!
Zerbrich, was sich mit eigener Kraft versieht;
Wir brauchen wen, der mächtig uns entblößt.
Zerbrich in uns, was vor der Tiefe flieht,
Wir brauchen den, der uns hinunterstößt!

Otto Heinrich Kühner

Ich werde vier Wochen bleiben

Ich traf ein, als die letzten Badegäste abreisten. Ihre Koffer stapelten sich am Bahnhof. Die Strandkörbe wurden schon weggefahren, Sonnenschirme und Korbsessel hereingeholt, der Sommer weggeräumt, wieder einer von den 69,5 Sommern, die man auf dieser Erde zur Verfügung hat. Die Kellner standen unter den Türen, zählten ihre Tage oder plauderten mit den Pensionsbesitzerinnen. Ein letztes Winken für den Herrn aus dem Rheinland, dann blieb man zurück, lüftete die Glasveranda oder schloß die Fensterläden für ein halbes Jahr. Man war, bis auf die Kinder der Erholungsheime oder der Jugendherberge, wieder unter sich: Pfarrer, Apotheker, Arzt, Buchhändler, Fußpflegerin. Bald werden Nebel kommen, Stürme und Eis, wird Schnee liegen in der Musikmuschel, wird man Schlittschuh laufen auf dem Hammersee.

Ich war einer der ersten, der statt Eiskaffee heißen Tee mit Rum bestellte. Es ist der 25. September 1965. Ich habe mich nach Juist gerettet wie auf eine Verkehrsinsel. Aber alles erscheint mir absurd. Was zum Offensein gedacht ist, ist geschlossen. Große Melancholie. Ich werde allenfalls vier Wochen bleiben. Ich bin ohnedies ohne Ruhe. Das Wandern habe ich gemeinsam mit den Dünen oder dem Plankton, der Strömung des Meeres preisgegeben, verfrachtet zu immer neuen Plätzen. Aber was hier strandet, ist gleichwohl nicht gestrandet. Und hier gehen nicht die

Lebensmüden, sondern die Lebensfrohen ins Wasser. Wasser, so weit das Auge reicht, nicht nur ein Trinkglas voll für die Tabletten. Und alles so ganz anders als Messegelände oder Kreisverkehr. Eine Ahnung von Savanne, Prärie oder Pampa. Die Küste, das Erregendste unseres Planeten, wo das Meer die Erde und die Erde das Meer hervorbringt. Der Saum, die Borte, die Lippen und Wimpern der Kontinente.

So blieb ich über die vier Wochen hinaus und begann, an einer Posse zu schreiben, in welcher – sie spielte in einem kommunistisch regierten Land – eine diskussionsfreudige, aber friedfertige Äbtissin unversehens in den Besitz von Waffen gelangt. Ich nistete mich ein unter dem Rieddach im Loog.

Doch dann der Wind, Tag und Nacht, lamentierend im Hausgiebel und in den Drähten, die Fensterläden klappernd. Sand in den Augen, zwischen den Lippen. Die dumpfen Nebelhörner der Schiffe, die vor der Hafeneinfahrt von Norddeich lagen. Möwenrufe aus dem Watt, greinend wie die Stimmen verirrter Kinder. Alleinsein. Verlassenheit. Im Bill-Wäldchen, Erlen und Birken hinter Nebelschleiern, verschwommen und formlos neben dem Pfad, Lautlosigkeit und Halblicht des einbrechenden Abends. Flüsterton von Baum und Gesträuch. »Benutzen Sie nur die Wege und vermeiden Sie jeden Lärm!« Das Häuschen der Naturschutzwarte dunkel, die Fensterläden geschlossen. Und plötzlich, ganz nahe, ein Seufzen, das mich erschreckt: aus dem Nebel auftauchend, ein rostiges, eisernes Windrad, das sich mühsam dreht und Süßwasser in das Marschland der Domäne Bill pumpt.

»Bleiben Sie! In vier Wochen haben Sie sich daran gewöhnt, an den Wind und an den Nebel!«

Ich blieb weitere vier Wochen, schrieb weiter an der Posse: wie die Äbtissin, im Besitz der Waffen, militant wird, wie an die Stelle des Satzes die Phrase tritt, an die Stelle des Witzes das Maschinengewehr. Ich wanderte lange in Regen und Wind am Strand, bis zum Kalfamer und zu den Mu-

Otmar Alt
JUISTER MEERESUNGEHEUER
Collage

schelfeldern am Bill-Riff, bekleidet mit Parka und Gummistiefeln, der ungeschützte Zwischenraum an den Knien mit Cellophantüten umhüllt, allein mit Möwen und Enten und dem grauen Himmel. Ich sammelte Holz am Strand, ganze Handwagen voll, für das Kaminfeuer der alleinstehenden Pfarrfrau, bei der ich wohnte, für den Augenblick alleiniger Strandgutsbesitzer. Hier hat das Wasser Balken. Hat Planken, Kisten und Bretter, und noch weiteres Treibgut, »Angespül«, ausgerissene Glas- oder Metallkugeln von Fischernetzen, Korkstücke, Fender, Taue, Rettungsringe, leere Flaschen, Autoreifen, Zeichen des Menschen am Rand des Meeres, die Strandgüter dieser Welt, darauf als Fahrgäste Algen und Muscheln und Schnecken, das Holz des Gefährtes kunsthandwerklich durchlöchert, von den Muscheln oder den Schnecken, ich weiß es nicht. Das Buch »Was find ich am Strande?« zu besitzen genügt mir, unbesehen.

22. November. Schweigsame Wege am Strand oder, noch lieber, im Watt, diesem erregenden Niemandsland zwischen Meer und Festland, wie – so stelle ich es mir vor – die Erdoberfläche im Devon oder Trias. Ich fühle mich einsam. Über Kurzwelle meines kleinen Rundfunkgerätes höre ich abends die Gespräche der Kapitäne mit, die sie von hoher See über Radio Norddeich mit ihren daheimgebliebenen Familienangehörigen führen. Soll ich zurückkehren aufs Festland, bevor die Insel durch das Eis abgeschnitten wird?

Aber dann lernte ich den Memmert-Vogt kennen, einen ehemaligen Musikstudenten, er und seine Familie die einzigen Bewohner der Vogelinsel Memmert. Er kam zu Weihnachten im Kahn von der kleinen Insel auf die größere Insel, die für ihn wie Festland war. Er brachte Frau und Kinder und ein Pferd mit und bezog das Haus der Schwiegereltern. Die zurückgelassenen Schafe konnten sich selbst ernähren. Nach Neujahr gab es Frost und Schnee; das Eis drohte den Vogt von seiner Insel, von seinem Posten abzuschneiden. Auch bestand die Gefahr, daß die Schafe im Schnee kein

Futter mehr finden würden. Ich wollte ihm behilflich sein, den Kahn zwischen dem Treibeis durch die Juister-Balje auf den Memmert zu rudern. Ich blieb weitere vier Wochen.

Dann der Januar! Kein Windhauch mehr. Die Luft glashell. Die Perlschnüre der Entenzüge am blauen Himmel; die gelben Perlschnüre der Sanddornbeeren, die roten Hagebutten und bunten Fasanen im weißen Schnee, Zierat von Vogel- und Kaninchenspuren. Der Gischt der Brandung zu Schrotkörnern gefroren. Watt, See und Dünen vom Sonnenlicht versilbert. In den Prielen knirschte das Eis, wenn die aufkommende Flut die Decke hob, die Platten zu Märchenbauten türmte. »Das Baden ist nur zu den umseitig festgesetzten Badezeiten und nur innerhalb des abgegrenzten Badestrands gestattet.« Die Märchenbauten stürzten krachend zusammen. Am Strand stauten sich die Eisschollen haushoch zu Mauern. Die Insel ringsum eingepanzert vom Eis. Die Schiffe fuhren nicht mehr. Die Kapitäne saßen gewärtig in Norddeich, warteten ab, vermuteten, hielten Ausschau und tranken vorerst Grog. Ich blieb weitere vier Wochen und schrieb den zweiten Teil der Posse: aus dem Zwiegespräch der Äbtissin wird ein einziger Monolog.

Februar. Das Meer von den Stürmen zu einem lehmfarbenen Gebräu aufgewühlt. Als ich den Eilbrief an die Kollegin Christine Brückner zum Postkasten bringe, muß ich mich gegen den Sturm an den Zäunen entlanghangeln. Hat man den Wind im Rücken, segelt man per Fahrrad vom Loog in den Ort, aber heimwärts schiebt man nicht nur das Gefährt, sondern auch sich selber. Wie in den Zeiten der Sagas hocken sich die Leute vor Sturm und Wetter zusammen. Sieht man in einem Haus Licht brennen, geht man hinein, zu einer Tasse Tee und einem Gespräch, bei einem der Lehrer, bei dem Graphiker Depser aus Nürnberg, der vor vierzig Jahren hier hängengeblieben ist, beim Inselbuchhändler Koch. Ich lese aus meiner halbfertigen Posse von der »Äbtissin mit der Waffe« vor. Wir sind uns einig: Nicht der Mensch mißbraucht die Macht, sondern die Macht den

Menschen. Man hat mich, nach sechszehn Wochen Aufenthalt, als Einheimischen angenommen. Man trotzt dem Winter manches ab mit Geselligkeit, gegenseitigen Besuchen; vor allem, in diesem Monat, mit Karnevalsbällen. Und da war auf einem solchen Ball Clarissa, eine blonde Friesin wie aus dem Lehrbuch. Ich blieb weitere vier Wochen.

Dann benötigte ich nur noch etwa vier Wochen bis zum Abschluß der Posse: wie die Äbtissin die Waffen wieder einbüßt und aus ihrem Monolog wieder ein Dialog wird. Und ich machte einen Besuch in der Nachbarschaft, bei Dr. Lang, dem Küstenforscher und langjährigen Leiter des Küstenmuseums; er trug den Mädchennamen meiner Mutter. Wir stellten fest, daß Vorfahren von uns aus demselben Städtchen im Neckartal stammten und wir offensichtlich miteinander verwandt waren. Nicht ein gestrandetes Schiff hatte ihn an die Küste verschlagen, sondern die Heirat seines Vaters, eines Kurarztes – ich glaube, aus Wiesbaden –, mit einer Friesin aus Emden. Ich blieb weitere vier Wochen.

Bis der Regenpfeifer wieder flötete, der Austernfischer schrie, die Kühe das Gras abweideten im Bill-Polder wie die Wattenschnecken die Algen am Holz der treibenden Kisten. Inzwischen wußte ich, daß ihr Gehäuse acht Windungen besitzt; ich hatte sie selbst gezählt. Meine Posse war beendet: »Es werden die Sanftmütigen sein, die in Zukunft die Erde besitzen!« sagt die Äbtissin und läßt, außer der Reihe, zu einem Bußgebet zusammenläuten. Aus Norddeich kamen die Schiffe wieder pünktlich nach dem Gezeitenplan. Die ersten Badegäste trafen ein »zum Baden während der umseitig festgesetzten Badezeiten und innerhalb des abgegrenzten Badestrandes«.

Ich bin dann endgültig abgereist.

Christine Brückner

Meine Insel im Norden

Mit den im Osten und Westen vorgelagerten Sand- und Muschelbänken erreicht die Insel Juist eine Länge von siebzehn Kilometern, das bedeutet: siebzehn Kilometer weißer Sandstrand zum offenen Meer hin und siebzehn Kilometer Watt zum Festland hin. An ihrer schmalsten Stelle ist die Insel nicht breiter als dreihundert Meter. Ihre höchste Erhebung beträgt zwanzig Meter überm nahen Meeresspiegel.

In den Schaufenstern sieht man alte Stiche von »Juyst« im Querformat, auch die Ansichtskarten im Querformat, selbst dann noch mehr Himmel als Land. Der Maler Nolde gilt als der Erfinder der »Himmelschaften« über der Nordsee. »Mir ist so nach Nolde«, hörte ich einen weiblichen Kurgast mit heiterem Seufzen in der Inselbuchhandlung sagen.

Wenn sich die untergehende Sonne dem Horizont nähert, verschmelzen die vier Elemente Wasser, Luft, Feuer und Erde zu einem. Rückkehr zum ersten Schöpfungstag. Augenblicke für Maler, Fotografen und Dichter. In der rechten Manteltasche eine Handvoll Muscheln, in der linken eine Handvoll Gedichtzeilen, beides sandig und salzig; abends räumt man die Taschen aus.

Ebbe und Flut. Einatmen und Ausatmen.

Das Meer kommt mit wenigen, tiefen Atemzügen am Tag aus; bei jedem Atemzug wechseln Sandbänke und Muschelfelder den Besitzer, gehören das eine Mal dem Meer, dann wieder dem Land. Dünen entstehen und Dünen verschwinden. Die Insel wächst sichtbar nach Osten hin, verliert im Westen merklich an Land. Sandstaub steht in hellen Wolken überm Strand, Sand fegt über die Dünen und die Deiche, auf denen der grüne »Helm« wächst, ein Strandhafer, von Menschenhand gesetzt, um den Schöpfungsprozeß zu beschleunigen. Noch wächst hier kein Stein, aber im Schutz der Dünen bildet sich Humus. Kleine Wälder wurden angepflanzt, nach Ausmaß und Größe der Bäume, die der Wind niedrig hält, heute liebevoll »Erlenwäldchen« und »Kiefernwäldchen« benannt. Hier muß die Natur vor der Natur geschützt werden. Sanddorn, Ginster, duftendes Geißblatt, Brombeeren und Holunder bilden eine undurchdringliche Macchia der Nordseeinseln; in allen Gärten die halbwilden Zaunrosen, die den Sommer über blühen und im Herbst pralle rote, nicht nur den Vögeln wohlschmeckende Rosenäpfel tragen. Man pflückt bittere Schlehen und süße Brombeeren; was hier blüht und reift, ist kostbar.

Krähen und Drosseln übernehmen die Aufforstung, säen und düngen zugleich in einem vereinfachten Verfahren. Sandige, verschlungene Pfade im Windschutz der Dünen, in einer buckligen, schlupfwinkligen Welt, für die Ausmaße des Menschen zu winzig, eher für Karnickel geeignet, für Kinder und Vögel. Auf Juist halten die Zugvögel ihre Herbstmanöver ab; sie kommen von Norden, machen hier Rast, nähren sich von Mehlbeeren und den Früchten des Sanddorns und des Holunders. Erschöpfte Goldhähnchen, deren Müdigkeit größer ist als die Angst, hocken für ein paar Stunden im Schutz der Hauswände. Wildgänse ziehen durch, Brandentenzüge dicht überm Meeresspiegel, Stare formieren sich zu neuen Zeichen am Himmel.

Die Nordseeinseln haben ihre eigenen Geschichtszahlen, jedes Kind lernt sie, bevor es die Zahlen der Weltgeschichte zu lernen hat. Heimatkunde ist hier erstes Schulfach. »Die Petriflut 1651«, bei der die Insel in zwei Teile zerrissen und das im Westen liegende Dorf zerstört wurde. »Der Heilig-

Heide M. Sauer
DIE VIER ELEMENTE
Acryl auf Sand

abend 1717«. Im Krieg zwischen Meer und Land geht es immer auf Biegen und Brechen, auf Leben und Tod. Und immer bleibt das Meer der Sieger. Man liest besorgt und ungläubig in Chroniken und Inselbüchern von Springfluten und Sturmfluten; dieses ruhige Meer mit den sanft auslaufenden Wellen, dieser septemberblaue Himmel? Wovon ist die Rede?

Als das Meer den fruchtbar gemachten Boden weggerissen hatte und das Land salzig geworden war, wurden die Juister Männer Schiffer. Nur wer arm an Land ist, geht zur See, das ist überall so. Anfang des 19. Jahrhunderts besaßen die Juister vierzehn Schiffe. Sie fuhren als Matrosen und Steuermänner zu fremden Küsten: Knechte des Meeres. Aus Bauern waren Schiffer geworden, bevor dann in unserem Jahrhundert aus den Schiffern Hoteliers wurden, die ihre Häuser »Deichgraf«, »Columbus«, »Meerjungfrau« und »Inselfrieden« nannten. Seefahrer und Seeräuber, Strandwärter und Strandräuber, immer beides zugleich. Erst seit etwa hundert Jahren ist die Insel eine Ferien- und Badeinsel, und auch ein Heilbad. Die Juister haben in mehreren Generationen das Feriengewerbe erlernt. Noch lebt ein letzter Seehundfänger, aber auch er fährt nur noch mit schaulustigen Badegästen zu den nahen Seehundbänken. Noch gibt es ein paar Kapitäne im Küstendienst, noch steht »Cap Horniers Ruh« an einem Haus, zum Zeichen, daß hier einer wohnt, der das Kap Horn mit dem Segler umschifft hat. In den Vorgärten liegen Anker und Bojen bunt bemalt auf grünem Rasen; in den Nachtlokalen hängen Fischernetze und Sturmlaternen von der getäfelten Decke, Relikte der Seefahrt. Die steifen Kapitänsmützen oder der Südwester aus Ölzeug sitzen heute auf den Köpfen der Badegäste.

Das Meer immer als Freund oder als Gegner, und der Mensch immer in Abhängigkeit. Die Häuser auf Sand gebaut. Im Westen findet man vom alten Dorf Loog keine Spur mehr. Mit den Backsteinen der alten Häuser hat man sich neue gebaut; mehr trotzig als trutzig: nun gerade! Erst seit in den zwanziger Jahren ein Deich von 1600 Meter Länge errichtet wurde, fühlt man sich etwas sicherer, auch selbstsicherer. Die Zeiten sind gut für Inseln – besonders für eine autofreie –, sie bedeuten Abgeschiedenheit und Naturnähe. Pferdehufe und Pferdewiehern anstelle von Motorlärm. Nur selten noch ein Rieddach, dafür viel roter Ziegel; auch Straßen und Wege sind mit roten Ziegelsteinen gepflastert, die vom Wind gefegt und vom Regen gewaschen werden. Die untergehende Sonne brennt den zweimal gebrannten Backstein ein drittes Mal. Viele Häuser blicken übers Watt; über die Deiche und Dünen blickt, außer dem weißen Kurhaus, keines. Man lebt hier in ständiger Frustration, die Liebe und Haß zeugt und Emanzipation nicht zuläßt.

Das Wetter bekommt man aus erster Hand, die Tiefs über Schottland ebenso wie die Azorenhochs; beide ziehen schnell über die Insel hinweg. Ein rascher Regenschauer und dann gleich wieder Sonne; man sieht die Wolken nahen, und man sieht sie abziehen. Leichter Wind und heftiger Sturm.

»Der Wind ist die Sonne Juists«, einer der Werbesprüche. Die Sommermonate tragen keinen Namen, sondern heißen »Saison«. Wer außerhalb der Saison kommt, stellt keine Ansprüche an das Wetter, hegt aber Hoffnungen, die aufs schönste erfüllt werden können. Um Badezeiten braucht man sich nicht zu kümmern. Man sucht das Wellenbad auf, das immer gleichmäßig temperiert ist und in viertelstündigem Rhythmus jene Wellen und jene Brandung liefert, die die Nordsee nur an ihren besten Tagen zustande bringt. Was für ein Triumph des Menschen! An wärmeren Tagen geht man barfuß den Strand entlang, bohrt mit den Zehen nach Muscheln, sammelt Herzmuscheln, die seltenen Kammuscheln und weiße dünnwandige Klaffmuscheln, zerbrechlich wie Engelsflügel. Austernschalen, Venusmuscheln und von Bohrmuscheln kunstvoll durchlöchertes Holz. Man legt sich sein eigenes Küstenmuseum an, lernt, daß Schneckenhäuser Regen ankündigen. An manchen Tagen ist der Strand von Algen bedeckt, die der Sturm vom Meeresboden losgerissen hat. Die Quallen, die der Schwimmer fürchtet, betrachtet der Strandläufer mit Entzücken: gestürzte, trübgeratene Topfsülze. Kehrt man die Qualle um, gleicht sie einem mundgeblasenen Glas in schönstem Jugendstil. Geheimnisse des Meeres, über die man sich im Küstenmuseum aufklären lassen kann.

Was die Juister Kinder nach einer Sturmnacht an Strandgut herbeischleppen, Bohlen und Kisten, Flaschen, Taue und Kanister, wird von den Müttern einige Wochen später zum Sperrmüll gegeben. Die Strandräuberei liegt den Bewohnern der Inseln noch im Blut, aber heute spült das Meer nicht mehr hochwillkommene Weinfässer oder neuwertige Autoreifen an den Strand, sondern in errechenbarer Regelmäßigkeit wohlhabende und lufthungrige Großstädter. Mit der Zuverlässigkeit von Zugvögeln kehren sie auf die Insel zurück und suchen die alten Nistplätze auf. Sie kennen die Inhaber der benachbarten Sandburg und die Nachbarn der gestreiften Badehäuschen von den vergangenen Sommern her; man kennt sich, und man wird erkannt. Hier spricht man nicht von Touristen oder gar von Fremden, sondern von »Badegästen«, und die Juister Kinder sagen allenfalls im Winter einmal: »So dumm as en Bodgast.« Das Friesische klingt dem Ohr des Badegastes eher holländisch, englisch-dänisch als hochdeutsch; das gibt der Insel einen exotischen Reiz. Das Nichtverstehen erheitert, aber beunruhigt nicht, man ist hier in der Fremde, aber als Deutscher unter Deutschen.

Nach einigen Tagen weiß man, was eine »Bake« ist, was ein »Heller« oder ein »Polder« ist; man kennt das Inselvokabular und glaubt nach zwei Wochen sogar, die Entstehung der Gezeiten jetzt und für immer verstanden zu haben. Das Festland bleibt in beruhigender Sichtweite, immer kenntlich an den Sendemasten von Radio Norddeich. Aber für einige

Stunden ist man für Freund und Feind bei Niedrigwasser unerreichbar.

Als die Engländer 1945 die Insel besetzen wollten, mußten sie sich an Fahrrinne und Fahrplan halten. Ein- oder zweimal täglich fahren die Schiffe zwischen Norddeich und dem Anleger von Juist durchs Wattenmeer hin und zurück, so wie es den »Tiden« gerade beliebt. Für die, die über mehr Geld als Zeit verfügen, gibt es eine Flugverbindung vom kleinen Inselflugplatz nach Emden.

Die Ablenkungen, die den Badegast erwarten, sind begrenzt. Eine Lustfahrt im Pferdewagen zur Domäne Bill; eine Bootsfahrt zur Vogelinsel Memmert oder auch zur Nachbarinsel Norderney, die, einer Fata Morgana gleich, zuzeiten im Osten mit hellen Hochhäusern auftaucht und wieder untertaucht; ein Spaziergang zu den Goldfischteichen oder rund um den Hammersee; eine Wattwanderung unter der Leitung des weltbekannten Wattführers Alfred, der ein ganzes Ohnsorg-Theater ersetzt und die Richtigkeit des Lehrsatzes »Lernen macht Spaß« beweist. Weiteres über Flora und Fauna des Meeres, das abenteuerliche Leben des Fadenwurms. Man kann Fahrräder, Kinderkarren und Reitpferde ausleihen, man kann sich ein paar Ohren voll Musik beim Kurorchester abholen. Die Kurdirektion sorgt für Bildung und Unterhaltung. Erst wo die Langeweile anfängt, beginnt die Erholung.

Abends sitzt man dann bei frischen Krabben und ostfriesischem Landwein, dem Doornkaat. Hier lacht man über den Witz, den man selbst erzählt, am meisten, ein ansteckendes Lachen. Man ißt Muscheln oder Hummercocktail, das Meer beliefert arme und reiche Mägen. Man schläft preiswert im »Gästehaus« oder kostspielig im Hotel; auch der schlechteste Schläfer lernt auf Juist wieder zu schlafen.

Wer tagsüber zuwenig gelaufen ist, geht abends zum Tanzen in eine der Bars; während der Saison soll es so etwas wie ein Nachtleben geben. Es kommen Maler, es kommen Dichter, von ihnen nimmt man weniger wahr, die meisten suchen Stille und Anonymität. Asthmatiker atmen schon am zweiten Inseltag leichter, heißt es. Mehrmals täglich trinkt man ostfriesischen Tee mit Kandiszucker und süßem Rahm und nutzt auch noch die kleinste Abkühlung zu einem heißen Grog.

Ich liebe Inseln! Bisher lagen meine Inseln alle im Süden. Nur eine liegt nördlich: ein Thule. Ein Orplid.

Peter Härtling

Der Maler Depser

An ihn denke ich oft,
der eingepuppt in seinem
unterm Wind
kauernden Haus
sein Fernweh dem Papier
anvertraut,
so behutsam, dass er sich
mit einem verlorenen
und wiedergefundenen
Blick
von neuem verletzt.

Manchmal bricht er
auf,
setzt sich aufs Moped,
das er reitet wie
ein kleines, störrisches Pferd,
und besucht
seine zeichnenden Freunde
Dürer und Altdorfer,
sieht ihnen nicht
über die Schulter,
sondern auf die Finger,
erzählt von der Möweninsel,
den tausend
fliegenden Strichen,

sammelt die Reste
der alten Welt ein,
erträgt die neue
nur mit Mühe
und kehrt mit vielerlei
Schriften zurück:
denen des Himmels,
der Wellen,
der Gräser,
des Horizonts,
der Vögel und
der Menschen,
und bringt sie
in seinem Heimkehrertraum
durcheinander.

Er könnte erzählen.
Zwischen den Blättern
seiner Malbücher
sind ungezählte Stimmen
gepresst,
die nachts reden,
sich ins Wort fallen,
das Vergessen
aufhalten.

So lebt er und
hat gelebt:
Zwei Schritte hinter
der Zeit
und ihr dennoch
voraus.

Für Alf Depser
und seine Nachbarn, die Kochs

Alf Depser

Das sterbende Wäldchen

Es ist schon lange her und mag wohl zu Anfang der dreißiger Jahre gewesen sein, als mich der Begründer und damalige Heger des Juister Schutzgebietes erstmalig durch sein Revier führte. Wir waren zuletzt durch das kleine Wäldchen, das am nächsten dem Strande zu in einem schmalen Dünental lag, gegangen und standen nun oben auf einer der hohen, bewachsenen Randdünen, von welcher der Blick sowohl zum Nordstrand als auch zurück übers Schutzgebiet bis zum Wattenmeer frei wurde. Ich war noch erfüllt von der verwunschenen Stille und ruhevollen Schönheit so manchen Winkels zwischen den Wäldern, und dann, hier oben, welch ein Kontrast, plötzlich das Tosen der Brandung und die grandiose Weite des Ausblicks! Ergriffen davon, suchte ich meinem Führer in Worten meinen Dank auszudrücken, aber als ich noch hinzufügte, daß sein Wirken für alle Zeit und für spätere Geschlechter von Segen sein wird, wurde ich von ihm fast barsch unterbrochen, indem er ausrief: »Hier ist nichts ewig und für alle Zeiten, das sollten Sie als halber Biologe und Naturkenner schon wissen, und daß an der See der Rhythmus des Werdens und Vergehens um einige Takte kürzer ist als anderswo. Nein, mein Lieber, und dem Wäldchen, das da so schön nach der Schnur gepflanzt unter uns liegt, sind zuerst seine Tage gezählt.« Auf meine erstaunte Frage, weshalb man es dann dort angelegt habe, begann er einlenkend zu erklären: Ja, er habe schon damals,

als es vor über zehn Jahren gepflanzt wurde, wegen der Nähe des Strandes seine Bedenken gehabt, aber sich, wie auch in anderen Fällen, nicht so ganz durchsetzen können, und mit einem listigen Seitenblick auf mich fügte er hinzu, er glaube wohl richtig bemerkt zu haben, daß mir an den Pflanzungen auch nicht alles so ganz gefallen habe. Ich schwieg darauf betreten, denn in der Tat war mir manches zu abgezirkelt erschienen, und er fuhr fort: Ja, leider war da vieles von technischen Umständen bestimmt und nicht zu ändern, aber das Schlimmste sei für ihn gewesen, seinen Mitarbeitern plausibel zu machen, worauf er eigentlich hinauswollte. Die hätten am liebsten alles in Planquadrate eingeteilt und mit dem Rechenschieber gepflanzt, genau in der Weise, die weithin aus unsern Wäldern Nutzholzplantagen gemacht hat. Da fehlt eben jedes Gefühl fürs natürlich Gewachsene und, was noch schlimmer ist, die Achtung davor. Er seufzte und fügte leise hinzu: »Weiß der Himmel, wohin das noch alles führen wird – oder glauben Sie, daß die politische Erneuerung, von der man zur Zeit so lautstark redet, hierin etwas ändern wird?« Und ohne eine Antwort zu erwarten, fuhr er fort: »Aber, Sie sehen es ja auch. Einiges ist doch gelungen und wird vielleicht bestehen. Auch wird die Natur sich selber helfen und wird ausmerzen, was ihr zuwider ist. So werden zum Beispiel die zu eng gepflanzten Kiefern unnötig in die Höhe schießen, werden den Bodenwuchs ersticken, und Wind und Sand haben später ein leichtes Spiel mit ihnen. Aber dazu wird es bei unserm Wäldchen da unten gar nicht mehr kommen. Sein Verderben kommt aus anderer Richtung: Sehen Sie hinüber zum Strand. Heute noch geht die bewachsene Altdüne, auf der wir stehen, langsam in die Kette der Vordünen über, die mit ihren natürlichen Buchten und Mulden den Wind auffangen und ablenken und den antreibenden Sand festhalten. In ihm, der noch kalk- und salzhaltig ist, gedeiht am besten der Strandhelm, der seine Wurzeln tief in den Grund schickt und völlig sand- und wetterfest ist. Diese Vordünen sind der

Alf Depser
RANDDÜNE
Holzschnitt

einzige natürliche Schutzwall gegen die See, und der Mensch kann ihre Bildung nur fördern. Auf Memmert hatten wir Zeit und Gelegenheit genug, dies zu beobachten und auszuprobieren, wie diese Förderung am besten geschähe. Aber werden die Erfahrungen dort ausgewertet? Mein lieber Mann, wenn es so weitergeht mit dem Begradigungsfimmel der Ämter, dann werden wir bald auf Juist statt eines lebendigen Strandes mit Vordünen und Buchten einen künstlichen Steilhang haben, der schon allein durch den Wind ständig abbricht, bis die Altdünen erreicht sind, die dann, da der Helm in ihnen nicht mehr so kräftig wurzelt, rasch dem Verfall preisgegeben sind. Und so wird es dann auch mit der Düne gehen, die heute noch so fest und sicher scheint. Der stäubende Sand und später die eindringende Flut wird unserem Wäldchen dann den Garaus machen.«

Soweit der Alte. Er hatte wohl auch noch andere Gründe zu grollen, und ich muß gestehen, daß mir damals manches Gesagte unwirklich und übertrieben schien, aber heute, wenn ich an dem sterbenden Wäldchen vorbeikomme, muß ich oft daran denken. Freilich, ob es zu verhindern gewesen wäre, daß es so weit kam, wie er voraussagte, ist eine andere Frage. Aber was das Begradigungsstreben unserer technisierten Zeit betrifft, lohnt es sich vielleicht doch, darüber nachzudenken, ob es mit der altchinesischen Weisheit, wonach der geraden Linie unheilvolle, dämonische Kräfte innewohnen sollen, nicht doch seine Richtigkeit hat.

Maerbodsheim

Wenn Henny badet

Unlängst habe ich mit Otto Heinrich Kühner telefoniert. Das tue ich manchmal. Es ist dann Sonntagvormittag, wenn ich meinen Braten zugestellt habe, und das Gespräch dauert so lange, wie man es sich leisten kann, damit im Topfe nichts anbrennt.

Wir sprechen dann über die Kunst, über die Wechselfälle des Lebens und übers Wetter. Unlängst aber, als das alles abgehandelt war, frug er mich, ob ich denn einmal auf Juist gewesen wäre, und als ich das verneinte, meinte er, schade, dann können Sie auch nichts von Juist schreiben.

Obwohl ich ihn am anderen Ende des Drahtes nicht sehen konnte, hatte ich das Gefühl, als habe er einen kritischen Blick bei der Frage. Ich bemerkte das an der Vibration seiner Stimme. Er aber hat nicht bemerkt, daß ich bei dem Worte Juist zusammengezuckt bin, wie ich schon einmal bei dem Worte Juist zusammenzuckte, aber das ist leider schon lange her.

Es war in den fünfziger Jahren, damals fuhren die Menschen geselliger zur Arbeit, mit der Eisenbahn. Ach wenn ich an das öffentliche Leben in den Großraumabteils denke, an das Gemurmel der vielen Stimmen, an das Getuschel, im Austausch geheimer Neuigkeiten, an die Konzentration der Kartenspieler. An die lautstarken Übungen ums allgemeine Wohl. Es ist heiß, brüllten die einen, und: Fenster zu, es zieht, die anderen, und dazwischen friedenschlichtend die Schaffner, diese Mädchen für alles, blaugewandet, trillerpfeifend, türenzuwerfend. Ich denke da – ach, ich erzähl's schnell, oder nein, ich fang anderswo an. Worauf ich hinaus will, das ist Hennys grüne Stunde, wobei ich aber gleich hinzufügen will, daß Grün damals noch keine politische Farbe war. Sie fand statt einmal wöchentlich in einem Schienenbus, von einem bestimmten Sitzplatz aus, begann etwas nach 18 Uhr, dauerte fünf Stationen, auf der Fahrt von der Stadt K nach dem Dorfe N, und es war immer Donnerstag.

Auf diese grüne Stunde werde ich noch mal zurückkommen, vorher muß ich etwas über Henny sagen und auch über mich. Mein Metier und meine Profession ist es zu malen, das kann ich ein wenig, sonst aber nichts, höchstens ein bißchen erzählen. Bei anderen mag's durch den Magen gehen, bei mir muß es durch die Augen. Über herrliche Erscheinungen entsteht höchstes Entzücken in meinem Kopfe, und wenn ich an Henny denke, könnte ich mit Charles Aznavour ausrufen: ein groß Mademoiselle, ein big Mademoiselle, ein Otobusmademoiselle, ein Kathedralmademoiselle.

Hennys Vater war ein Maurermeister, einer von der alten Sorte, es hing ihm der Ruf nach, daß nicht alles, was er geschaffen habe, von großer Eleganz gewesen wäre, dafür aber von größter Festigkeit. Und damals war das ja nicht so wie heute, so ein bißchen Drahtbiegen, Schalung drum und mir nix dir nix Beton hinein. Nein, Stein um Stein wurde aufgehoben, gewogen und für gut befunden und aneinandergefügt. So wurden die Fundamente gelegt, so die Mauern hochgezogen, so die Gewölbe gewölbt. Mir graust bei dem Gedanken an den, der so etwas einmal abbrechen muß. Da werden die Spitzhacken Funken schlagen, das Eisen sich verbiegen, die Stiele abbrechen, und die Meißel der Preßlufthämmer werden ermüden.

Man könnte jetzt ganz simpel sagen, so wie seiner Hände Tagwerk wäre diesem Vater seine Tochter gelungen, aber das wäre eben zu einfach. Es stimmt, daß sie in einem das Gefühl großer Festigkeit erweckte, daß ihre Wölbungen kräftig und ihre Proportionen stark waren, aber nichts da war von der Immobilität eines Mauerwerks. Im Gegenteil, sie war von der Lebendigkeit einer Forelle.

Das dunkelbraune Haar trug sie nicht zu lang und nicht zu kurz, aber gelockt, daß der Wind drin spielen konnte. Unter den Arkadenbögen ihrer Augenbrauen lebhafte Blicke, unter der Nasenspitze ihrer graden Nase ein flottes Mundwerk. Und dann – wie sie schritt. Ihre Beine, ich muß zugeben, sie waren ein bißchen gebogen, aber das gab ihrem Gang etwas Federndes und Schwung.

Die Beine. Maupassant sagte einmal von der Besitzerin eines Etablissements, Madame hat ein Normannenbein, ich sage, Henny hatte Bataver-Beine, denn die wohnten einmal in dieser Gegend und waren ein ähnlich gewaltiger Volksstamm.

Da ich seinerzeit so oft zum Bahnhofe hin und vom Bahnhofe her bewundernd hinter Henny hergegangen bin, konnte es nicht ausbleiben, daß ich bald ein Bild konzipierte und anfing, aber dann prompt und buchstäblich in der Mitte steckenblieb. Das lag an Lukas Cranach, wie sich später herausstellte.

Ein Stück eines kleinen Flüßchens hatte ich gemalt, liebevoll kleine zärtliche Wellen, eben ein bißchen dem Lukas Cranach nachempfunden, und dahinein sollte nun Henny steigen, aber siehe, Henny paßte nicht dahinein.

Ich habe mir dann damit geholfen, daß ich in die Mitte des Bildes, vor das Flüßchen ein Hügelchen malte, links davon auf dem Wasser einen großen Badeball, rechts davon, aus dem Wasser springend, einen Fisch und am Ufer ein großes buntes Badetuch und abgelegte Kleidungsstücke. Und unter das Bild habe ich geschrieben »Henny badet«. Jetzt konnte jedermann wissen, hinter dem Hügel badet eine Dame, und in meinem Herzen war es Henny.

Doch zurück zu jenen wonnigen Donnerstagabendnachhausefahrten. Henny arbeitet als Verkäuferin in einem Textilgeschäft, genannt »Der Buntfaden«. Ist Geschäftsschluß, muß sie sich sehr sputen, um den Zug zu erreichen. Es ist sehr heiß an jenen Tagen. Am Donnerstag aber muß sie sich besonders beeilen, gibt's da doch am Kiosk eine Neuausgabe eines bestimmten Blattes aus dem Regenbogenblätterwald, die muß sie haben. Wir anderen warten schon im Schienenbus. Da endlich stürzt sie herein.

Was jetzt folgt, ist zunächst eine Folge von Seufzern und Ausrufen. Zuerst seufzt der bundesbahneigene Polstersitz. Ein Schlingel hat seitwärts mit einem Messerchen einen kleinen Schlitz hineingemacht. Durch den Druck von Hennys rückwärtiger Mächtigkeit entweicht durch den Schlitz die Luft, das Polster macht Pfffft, und dann kommen Hennys eigene Seufzer und die Achs und Nähs und die Achs und Achnähs und Achnäh is dat heiß, und dann hat sie schon einen Griff in die Tasche getan, die Zeitung erwischt und ihrem erhitzten Gesicht Kühlung zugefächelt.

Das Luftzufächeln ist ein schönes Bild. Die Zeitung nennt sich »Das grüne Blatt« und hat viel grüne Farbe auf der Titelseite. Dieses Grün kontrastiert wunderbar zu Hennys erhitzten roten Wangen. Ein Gedicht könnte ich schreiben: »Grünes Blatt, erhitzte rote Wangen«.

»Das grüne Blatt« steckt innen voll von Geschichten über Leute, als da sind gekrönte und ungekrönte Häupter, Geldadel und Geldunadel, Tankerkönige, Prinzessinnen und Prinzessinnenmütter, Stars und Playbubis.

Diese Geschichten sind jede Woche so neu, daß es einen langweilen würde, müßte man sie selber lesen. Aber das mußte man damals nicht, Henny las vor und kommentierte. An für sie besonders interessanten Stellen schnellte sie mit den Füßen nach vorn und mit dem Po in die Höhe, und die Polsterung machte Pfffft, und manchmal machte die Polsterung auch Pfft, Pffft, dann hatte Henny aus Doppelentzükken einen Doppelschnelzer gemacht.

So und nun weiß man wohl auch, warum ich anfangs dieses besondere Stündchen Eisenbahnfahrt »Hennys grüne Stunde« genannt habe.

Aber dann eines Donnerstagabends, da blieb ihr Platz leer. »Wo bliewt denn Henny?« ruft wer und bekommt zur Antwort: »Anne See isse.« Und auf die Frage, ja wo denn, höre ich jenen bedeutenden Satz, bei dem ich erstmals zusammenzuckte, ich höre: »Henny is auf Juist.«

So, so, denke ich mir, also »auf Juist isse«, und interessant, letztens hat sie aus dem »Grünen Blatt« uns allen vorgelesen, welche Prominenz alles auf Sylt nackt badet, und jetzt ist sie auf Juist. Was besagt das: Das besagt, daß die Töchter des Volkes mehr an Geschichten denn an nackten Tatsachen interessiert sind. Und dies ist eine Hoffnung für die Dichter.

Es war damals nicht so, daß ich gar nichts von Juist gewußt hätte. Gewiß, ich hatte im Geographieunterricht schon aufgepaßt, und die Reihung der Inseln vor der Nordseeküste hatte mir sehr gefallen, und ich hatte mir auch ihre Namen gemerkt. Ein Bekannter, ein Kunstinteressierter, ein sehr sensibler Mensch, ein Juistliebhaber, der gerne schwarze Hornbrillen und weiße Rollkragenpullover trug, hatte mir allerlei von der Insel erzählt, und jetzt, da ich Henny dort wußte, fielen mir seine Strand-, Wellen- und Wogenerzählungen wieder ein.

Von der Majestät des Meeres erzählte er und wie sich manchmal Wellen, die ganz flach geworden, geradezu zu Wasserscheiben geworden sind, den Strand hinaufschieben und wieder zurückziehen, wie das im sich wiederholenden Wechselspiel sehr einladende Bewegungen gibt. Das stellte ich mir jetzt im hennyleeren Zugabteil ganz lebhaft vor, und dann stellte ich mir Henny vor. Wie sie auf das lockende Meer zuschreitet und wie bei einem jeden ihrer Schritte ein jeder ihrer Füße sechs Grübchen in den Sand drückt, immer ein größeres, das von ihren Fersen, und fünf kleinere von ihren rosigen Zehen. Wie die ersten Wasserwellenscheiben ihre Füße umspielen, wie das Meer ihre Knöchel umfaßt, wie es schon an ihren Knien ist und weiter und weiter, bis eine Woge sie um ihre Hüften faßt und hochhebt, und wie das Meer sie nun ganz hat und wie sie nun mit ihren kräftigen Armen und Beinen in der See schwimmt. Und so heftig habe ich mir das vorgestellt, daß ich mich auf einmal selbst ausrufen hörte: Courbet, aber das ist Courbet!

Courbet, was ist Courbet? Zunächst einmal, wer ist er nicht. Lukas Cranach zum Beispiel ist nicht Courbet. Lukas Cranach, auf einem Selbstporträt kann man es sehen, muß ein Baum von einem Kerl gewesen sein, ein Bär von einem Mann – und was hat er gemacht? Er hat die zierlichsten Frauengestalten gemalt. Zierlich, aber nicht heilig, beileibe nicht. Nicht bei ihren Leibern und nicht bei ihren Angesichten, nicht in ihren listigen, leicht schräg gestellten Augen, nicht in ihren sinnlich kleinen Mündern. Faunsschwestern sind das, die, könnten sie aus den Bildern heraus reden, sächsisch sprächen. Cranach war Maler am chursächsischen Hofe.

Courbet hingegen, auch er ein Bär von einem Mann, aber er hat nichts zierlich gemalt, und zu nichts weniger eignete er sich als zu einem Hofmaler. Aus München schreibt er jenen gargantuanischen Brief, in dem er sich berühmt, gleich dutzendweise Brauknechte, Studenten und Prälaten unter den Tisch getrunken zu haben. Ein Franzose, der Bier trinkt!

Seine Farben malt er kräftig und schwer, sie haben nichts vom Schmelz eines Tizian, nichts von der Duftigkeit Renoirs. Sein Bildaufbau ist mächtig und lapidar. Er malt nichts Legendäres, keine Mythologie. Bei seinen »Ringkämpfern«, deren Muskulatur zum Bersten angespannt ist, hat niemand die Idee, daß da Anthäus und Herkules miteinander ringen, es sind dies die nächstbesten, kräftigsten Männer aus dem nächstbesten Dorfe.

Was mich aber zu meinem selbstgesprächigen Ausrufe veranlaßte, waren zwei Bilder, die mir vors Auge kamen, als ich mir vorstellte, wie Henny aufs lockende Meer zueilt.

Das eine heißt »Die Woge«, und es zeigt eine ebensolche von so großer Mächtigkeit, daß man meinen könnte, eine

Horst G. Loewel
DIE »TITANIC« ZIEHT AN JUIST VORBEI
Zeichnung

gewaltige Faust wäre in ihr verborgen, die sie nach vorne stößt.

Das andere, das andere aber ist ein von mir sehr geliebtes Bild. Es hängt im Musée Fabre in Montpellier. Es heißt »Die Badenden« und zeigt zwei Frauen. Während die eine noch bekleidet am Boden sitzt, steht die andere und wendet dem Betrachter ihren entblößten Rücken zu, und dort hat Courbet – ich muß mich widerrufen – etwas sehr zierlich und zärtlich gemalt. Nämlich die beiden Grübchen, die sich manchmal an der weiblichen Architektur des menschlichen Körpers bilden, links und rechts neben der Stelle, wo das Kreuzbein ist. Der Lateiner nennt es Ossacrum, das ist nicht so leidvoll, es klingt heidnisch und hymnischer. Als liebliche Markierung sind diese beiden Grübchen der Wichtigkeit des Beines sehr angemessen. Courbet hat sie so schön gemalt, daß sie mir am Ende so liebwert sind wie die Mundwinkel der Mona Lisa, aber dann hat er noch was anderes getan. Er hat hüben und drüben noch zwei gewaltige Hüften dazugemalt. Das ist, bedenkt man gewisse Kompositionsprinzipien, nichts Ungewöhnliches. Um Spannung in einem Bilde zu erhalten, setzt man nun manchmal Spitzes gegen Rundes, Grades gegen Krummes, Helles gegen Dunkles, Winziges gegen Gewaltiges. Nichts anderes hat Courbet getan, aber es soll furchtbar werden.

Es ist das Jahr 1859. In Paris findet der »Salon« statt. Hier wird das Bild zum ersten Male ausgestellt. Zur Eröffnung ist Napoleon III. und seine schöne Frau Eugénie erschienen. Als sie des Bildes ansichtig werden, wird der Kaiser blaß, Eugénie aber, die im Reitkostüm erschienen ist, mit einer Reitpeitsche als dazugehörigem Accessoire, stürzt sich damit auf das Bild los, und indem sie hysterisch »Percheronnes, Percheronnes« schreit, karpartscht sie dieses schön gemalte Abbild einer entblößten menschlichen Rückseite. Percheronnes heißt soviel wie Bauerntrampel oder Landpomeranze. Dieser Wutausbruch und diese Beschimpfung läßt einiges erahnen über das Verhältnis kaiserlicher Hoheiten zum einfachen Volke. Nun, Courbet ist auch Revolutionär, und als solcher trifft er hier mit einer entblößten menschlichen Rückseite genau den kaiserlichen Nerv.

Die Nachricht, daß Henny auf Juist badete, hatte eine solche Furore an Bildern und Gedanken in mir ausgelöst, daß ich ganz unkonzentriert aus dem Fenster blickte. Die Landschaft flog nur so in grauen, grünen und braunen Fetzen an mir vorüber. Sogar jene Stelle, auf die ich immer wartete, verpaßte ich.

Einmal hatte der Zug auf freier Strecke bei einem Bahnwärterhaus gehalten, da sah ich, wie ein blondbezopftes kleines Mädchen am Boden hockte und mit einer Puppe spielte und wie um das Kind eine zahme Nebelkrähe wie ein schwarzbefrackter alter Herr stolzierte, mit unauffälliger Aufmerksamkeit das Kind nicht aus den Augen lassend. Obwohl ich die beiden nie wiedersah, wartete ich immer an dieser Stelle auf sie.

Und wie der Zug nun immer weiter fuhr, kreisten auch meine Gedanken um Henny und um Juist. Ich überlegte, ob ich ihr nicht nachreisen solle, um sie tatsächlich baden zu sehen. Und ich malte mir aus, damals wußte ich ja noch nicht soviel von Juist, ob ich mir nicht ein großes Fernrohr kaufen sollte, so eines, wie es die alten Heroen der großen Seeschlachten besaßen, um mit ihm von einem Leuchtturm aus Henny zu betrachten. Dabei gibt's gar keinen Leuchtturm auf Juist, wie ich später erfuhr.

Aus dem Hennyhinterherfahren jedenfalls ist dann nichts geworden, die Wechselfälle des Lebens! Aber jeden, den ich traf, der auf Juist war, frug ich, wie isses dort, und jeden, der dorthinfuhr, bat ich, geh bring mir was mit. So ist mit der Zeit schon einiges zusammengekommen, und ich weiß jetzt etwas mehr von der Insel.

Zunächst einmal aber hat es mich nicht losgelassen, daß Juist keinen Leuchtturm hat. Der Gedanke, mich mit einem Seemannsfernrohr bestückt auf einem hohen Turm über der Insel erhöht zu wissen, hatte etwas Bestrickendes. Nun ist es ja manchmal des Menschen Natur, sich für das, was er nicht hat, eine Abhilfe zu schaffen. Für die Idee, die da in meinem Kopf heranwuchs, hätte ich, um sie verwirklichen zu können, ein reicher Mann sein müssen. Also schaffte ich eine Abhilfe und stellte mir vor, ich wäre ein reicher Mann, und zwar ein solcher, wie ihn Henny gerne gesehen hätte. Im »Grünen Blatt« hatte gestanden, daß ein reicher Mann aus Griechenland eine Boeing von Athen nach Paris und zurück gechartert hätte, zu keinem anderen Zwecke, als von dort ein Fläschchen Parfüm für seine Angebetete zu holen. Das wäre nix, hatte Henny gesagt, wenn ein reicher Mann sich für viel Geld eine Freude leistet, so solle sie so beschaffen sein, daß die Allgemeinheit auch eine Freude an dieser Freude haben könne.

Neuschwanstein zum Beispiel habe sich der bayrische Ludwig viel kosten lassen, sogar den Staat hat es verschuldet, aber man führe heute noch gern hin, weil es so schön ist, um es zu bestaunen.

Apropos Neuschwanstein, das würde ich, wenn ich ein reicher Mann wäre, nicht auf Juist erbauen wollen, keine Angst da, daß ich mein Maß nicht kennte. Es ginge mir ja nur darum, wie ich hoch über Juist käme. Also mit einem Flugzeug, da wäre man zu schnell drüber hinweg. Ein Hubschrauber, der knattert zu sehr, wo es doch in den Allgemeinen Informationen über die Insel heißt: »Kleinspielzeuge und -geräte sowie Sportgeräte, die Lärm verursachen, dürfen auf der ganzen Insel nicht benutzt werden.« Ein Segelflugzeug? Segelfliegen kann ich nicht.

Aber dann fiel es mir ein. Wie wäre es mit der Farbe Orange am Himmel über Juist. Ein Montgolfiere, ein Luftballon, ein Airballon orangefarbig, eine Riesenpomeranze über Juist, mit einem winzigen Korb darunter, signalrot, und darin ich. Und alles Volk auf der Insel sähe nach oben und machte Ah, und ich oben mit meinem Fernrohr suchte die Insel ab nach Henny.

Freilich gäbe es da noch einige Probleme, ich habe

darüber nachgedacht. Zum Beispiel der Wind. Ein Fesselballon müßte es schon sein, aber starr verankert sollte er auch wieder nicht sein. Vielleicht könnte man ihn an einem stark beschwerten Wagen befestigen, und an der Winde wäre eine gut geschulte Crew von Hinauf- und Herablassern. Und wegen jener Leisigkeit könnte man den Pferden Hartgummistollen an die Hufeisen schrauben. Mit einem solchen Gefährt könnte man dann den Ballon anstandslos und in beliebiger Höhe auf der Insel hin und her fahren.

Wäre ich aber eines Tages meines Vergnügens leid, würde ich als hochherziger reicher Mann Ballon und Gefährt der Insel stiften, zu gemeinnützigen Zwecken, versteht sich.

Vielleicht würde sich dann auf Juist ein gewisses Zeremoniell entwickeln. Vielleicht daß man vor Beginn der Saison den Ballon vom Billriff zu den Kalfamer Muschelfeldern schweben ließe und zurück, in einer Art Bittprozession um einen geneigten Badegast, und dasselbe noch einmal zu Ende der Saison, wenn der letzte Badegast abgeerntet ist, in einer Art Erntedankfest. Dazwischen, in der Mitte der Saison, könnte ein Tag des Badegastes kreiert werden, dann wäre der Ballon am Strand fest verankert. Am Tage entließe man an ihm vorbei Hunderte kleiner Luftballons in die Freiheit der Winde, und nachts schösse man an ihm vorbei bunte Raketen, mache man ein Feuerwerk, damit er recht illuminiert würde. In letzterem Falle müßte allerdings streng darauf geachtet werden, daß der Ballon mit Heliumgas gefüllt werde.

Jetzt muß ich aber noch die Geometerkunst rühmen. Lange bevor man per Satellit, per Flugzeug von hoch oben die Erde betrachten konnte, haben die Landvermesser herausgefunden, was für eine Figur ein See, eine Insel, ein Kontinent, ein Flußlauf macht. Sie haben die Kartographie möglich gemacht.

Landkarten sind was Wunderbares. Man kann ja direkt auf ihnen reisen. Besonders auf den älteren, die sind zwar ungenauer, was aber Platz für die Phantasie hergibt, und schöner geschmückt sind sie auch, was der Poesie ja immer zugute kommt.

Seinerzeit hatte man mir ein kleines Landkärtchen von Juist geschickt, und als ich es betrachtete, war ich überrascht und entzückt über ihren Umriß, über die Eleganz ihrer Form. Ich verglich sie auf anderen Landkarten mit ihren Schwesterinseln, aber keine schien mir vollkommener gebildet. Und je länger ich die Landkarte betrachtete, desto mehr kam es mir vor, als bestünde die Insel aus zwei Flügeln, als sei sie ein Flügelwesen. Der linke Flügel ist breiter, muß er doch auch eine große Kokarde tragen, den Hammersee. Der rechte, der schmalere hat nur kleinere Teiche, aber mit Fischen drin, von deren Schuppen es goldfarben blinkt.

Und dann habe ich mich gefragt, wem ist dieses Flügelpaar zugeeignet? Der Nike? Das ist die Siegesgöttin. Aber wozu brauchen wir Siege? Und ist nicht vor den Siegen Ares-Zeit? Als ich eines Tages eine Luftaufnahme bekam, die von hoch oben den Strand zeigt, die Menschen als Pünktchen, umfing mich noch eine düstere Vision. Reihungen sehe ich dazwischen, breite Gassen, Karreebildungen, und ich frage mich, entsteht hier eine Schlachtordnung? Sammeln sich die Kohorten zu Regimentern? Zu welchen Heeren gehören sie, sind es die Reste jener Völkerscharen, die vor Zeiten nach Süden aufbrachen unter die heiße Sonne und ausgelöscht wurden? Aber lassen wir das.

Das Maskottchen der Dichter ist der Pegasus, das Flügelpferd, vielleicht ist Juist seine Flügelinsel. Ganz gewiß ist es seine Insel!

Und ich hatte eine andere Vision: Könnte denn die Insel nicht wirklich fliegen, wenn ein starker Wind von Norden käme, beidhändig unter sie faßte, vom Erdreich löste und höbe und höbe, über das Meer? Vielleicht wird sie wirklich einmal fliegen. Vielleicht wird sie dann fliegen, wenn ich wieder reisen kann, wenn ich auf die Insel komme.

Wenn ich hinreisen werde, weiß ich genau, wie ich es

halten werde. Es wird Herbst sein, wenn ich komme, wenn die anderen nicht mehr dort sind und mich nicht stören, wenn ich meine alten Träume suche. Vormittags wird es sein, wenn ich komme. Ich werde in mein Quartier gehen, meine Koffer auspacken und versuchen, mich mit meinen Wirtsleuten zu unterhalten. Dann werde ich ein bißchen durch die Straßen laufen, ganz ziellos bis zum Mittagessen, und danach werde ich ein Schläfchen halten. Und wenn ich mich gut ausgeruht habe, werde ich einen Spaziergang machen, und der Spaziergang wird seine Ordnung haben. In die linke Brusttasche werde ich ein Vokabelheft stecken, mit eigenen Erinnerungsnotizen, in die rechte ein ganz altes Taschenbuch mit den Nachrichten eines anderen. Dann werde ich hinaufgehen auf die Dünen und wie es sich gehört dem Meere meine Reverenz erweisen. Werde aber nicht allzulange vor ihm verweilen, werde mich entschuldigen und sagen, ich muß jetzt zu deinem kleinen ungesalzenen Brüderchen, dem Hammersee, und abends komme ich wieder.

Im Geographieunterricht habe ich immer besonders aufgepaßt, wenn es um Seen und Inseln ging. Inseln und Seen haben etwas Geschwisterliches. Beide werden vom jeweils anderen Element umgeben. Manchmal bedroht, manchmal schön gefaßt. Sie haben etwas von Minderheiten an sich, und die Inseln können Zufluchts- und Verbannungsorte sein.

Lange Zeit habe ich davon geträumt, einmal an den Neusiedler See zu fahren, und eines Tages hatte ich es doch geschafft. Es waren schöne Tage, unerwartet traf ich alte Bekannte, ich hatte sie nicht herbestellt, und sie hatten mich nicht erwartet.

Das Land schickt von allen Seiten miriadenweise die Schilfgräser gegen den See vor. In das Vokabelheft, das ich in meiner linken Brusttasche tragen werde, habe ich einiges aus jener Zeit notiert. Damit will ich zum Hammersee, um ihm etwas von seinem Bruder im Süden zu erzählen: Der See, so habe ich es mir notiert, ist ein großes Auge, das immer den Himmel anschaut. Seine Wimpern sind aus Schilf, in ihnen rasten Vögel, Nordlicht im Gefieder und die heiße Sonne Afrikas. Und wenn ich dem Hammersee genug erzählt habe, werde ich weitergehen zum Billwald.

Zum Billwald werde ich gehen wegen eines anderen Stückes Eisenbahnfahrt. Dieses Stück Fahrt lag immer vor Hennys grüner Stunde. Es war meistens ein Nahschnellverkehrszug, der in K endete, und ich mußte dann in den Schienenbus umsteigen, wo Henny zustieg.

Die Fahrt begann vom Kölner Hauptbahnhof aus. Dort konnte man seinerzeit zweierlei Dinge erstehen, die es so nicht mehr gibt. Für das sehr wenige Geld, das ich damals besaß, große Köstlichkeiten. Das eine waren Brühwürstchen, die ein älterer Herr mit besten Umgangsformen von einer Nische aus verkaufte, der manchem Lümmel, dem es von Hause aus an Grundausbildung gemangelt hat, das Nötige beibrachte.

Das andere war ein Druckerzeugnis, hieß »Die Story« und ist längst eingegangen. Sie erschien so als eine Art Heftchen alle 14 Tage und brachte Storys, eben Storys, die die Großen der Literatur geschrieben hatten, Hemingway, Somerset Maugham, Marcel Aymé, Thomas Wolfe, Polgar, Molnár. Gestärkt durch ein Brühwürstchen, eisenbahnfahrend die »Story« zu lesen war ein rechtes Vergnügen.

Eines Tages aber, als ich einen späteren Zug nehmen mußte, der zuerst in die Dämmerung und dann in die Nacht fuhr, hatte ich mir neben der »Story« den rororo-Band 291 gekauft. »Unter dem Milchwald« von Dylan Thomas. Es war wie soll ich es sagen eine starke Fahrt. Nicht nur, daß ich mir zwei literarische Erzeugnisse geleistet hatte, ich hatte auch zwei Brühwürstchen gegessen und auch zwei Brasilzigarren zu 60 Pfg., Fehlfarben der 80 Pfg. Preisklasse gekauft. Dazu ein Flachfläschchen Weinbrand, hatte eine für meine damaligen finanziellen Verhältnisse bedenkliche Ausgabe getätigt. Aber ich hab's nicht bereut.

Diese Bahnstrecke war ich unzählige Male gefahren, ich kannte sie sehr gut. Die Eisenbahnschwellen waren damals noch aus Holz und nicht aus Beton. Der Rhythmus, der von den Schienen kam, schien mir einen anderen Klang zu haben, um mir zu verdeutlichen: man spiele einmal auf Betonstäbchen Xylophon statt auf solchen aus Holz.

Wenn man eine Bahnstrecke sehr oft gefahren ist, kann man sich, ohne aus dem Fenster zu schauen, sehr gut orientieren, wenn man auf die Musik hört, die von den Schienen kommt. Die Doppelschläge beim Überfahren von Weichen und der Neuanfang der Rhythmen, das Rauschen in den Unterführungen, das Rattern bei Straßenübergängen. Das Abschwellen und Anschwellen beim Ein- und Ausfahren in und aus Eisenbahnstationen, all das in unterschiedlichen Nuancierungen, aber auf jeder Strecke immer wieder in der gleichen Reihung.

Und damals die Fahrt in die Nacht, gesättigt, gewärmt vom Weinbrand, eingehüllt in Zigarrenrauchduft, die vertrauten Rhythmen im Ohr, habe ich den »Milchwald« des Herrn Dylan Thomas gelesen. Wie fleißige Ameisen waren die Buchstaben durch meine Augen gekrochen und hatten Bilder in mein Hirn gebaut.

Und in derselben Zeit, da ich wiederholt im »Milchwald« las, erfuhr ich wieder etwas über Juist. Ein Natur- und Vogelfreund schwärmte von einem Wäldchen auf Juist, dem Billwald, und so kam es, daß sich Bill- und Milchwald ein wenig in meinem Kopfe assoziierten. Deswegen werde ich, wenn ich den Hammersee besucht habe, zum Billwald gehen, aus meiner rechten Brusttasche den rororo-Band 291 ziehen und mir und dem Wald ein paar hübsche Stellen daraus laut vorlesen.

Das wird die erste Unternehmung an diesem Nachmittage sein, und zur zweiten werde ich mich rüsten, wenn ich in mein Quartier zurückgekehrt bin.

Zunächst werde ich ein bißchen sinnieren. Dann werde ich mir einen kräftigen Kanten Brot abschneiden und ein

Stück Räucheraal dazu essen. Nichts Geschriebenes werde ich mitnehmen. In die Seitentaschen meiner Jacke werde ich zwei Flachmännchen Rum stecken und in meine Brusttasche Brasilzigarren. Und dann werde ich hinaufgehen auf die Dünen, um das Meer zu sehen und zu hören.

Wenn ich mich niedergelassen haben werde und die ersten Schlückchen Rum die Kehle runter sind, werde ich dem Meer etwas sagen, nicht viel, nur du, ich kenne dich.

Diesen Ausspruch werde ich mit Recht tun. Wer einmal im Bauche eines kleinen Frachtschiffes sterbensseekrank durch die Biskaya gefahren ist, über der nicht zu knapp die Winterstürme wüten, der weiß, was das ist, das Meer.

Das Pferd ist dem Poseidon ein liebes Tier. Einmal habe ich eine Radierung von einem Pferd gemacht, und es ist mir so wohl gelungen, daß Christine Brückner, als sie es sah, sagte, ich zeichnete Pferde wie Frauen und Frauen wie Pferde. Eben jenes Pferdchen hatte ich auch einem Reeder, dem Konsul Entz, geschenkt, und er schenkte mir dafür eine fast dreimonatige Seereise.

Es war ein kleineres Schiff wie obig erwähnt, kein Luxusliner, kein Musikdampfer, aber es war ein tüchtiges Schiff. Die Kajüte war gut. Der Kapitän ein alter Hase und der erste Ingenieur, ausgerechnet dieser Techniker, der beste Seemannsgarnspinner. Als Gast der Reederei konnte ich mich überall auf dem Schiff bewegen. Am liebsten war ich im Kartenhaus und auf der Brücke, denn wenn der Kapitän dort war, wenn er aus Wolken- und Wellenformen das kommende Wetter vorhersagte, lernte ich viel über das Meer. Und von den Seemannsgarnspinnern erfuhr ich viel über nördliche und südliche Meeresbreiten. Sehr nachdrücklich ist mir die Fahrt durch die Biskaya im Gedächtnis geblieben, da ich im Bauche des Schiffes wie Jonas im Bauche des Fisches hätte klagen können: Du warfst mich in die Tiefe, in das Herz des Meeres, und die Flut umströmte mich – und mich umschlossen bis ans Leben die Gewässer; der Abgrund umringte mich.

Von der Biskaya an, nachts, wenn ich in meiner Koje lag, horchte ich immer auf den Rhythmus des Wellenschlages, wie er an den Rumpf des Schiffes schlug, und ich dachte mir aus, alle Meere zusammen bildeten ein einziges großes Wassertier, das die Erde umspannt, und es hätte in jedweder Region einen anderen Pulsschlag. Einer, der genug gefahren, müßte dann mit geschlossenen Augen wissen, auf welchem Meere und wo er sich befände.

Und am Abend oben auf den Dünen, wenn ich meine kleinen Schlückchen Rum nehme, werde ich aufmerksam auf die heranrollende und zurückweichende Flut hören. Und wenn wegen des Windes die Glut meiner Zigarre schief zu brennen anfängt, werde ich mich in eine Kuhle legen, daß der Wind darüber hinwegweht, und ich werde das Meer auch hören.

Dann aber, wenn ich genug aufmerksam gewesen bin und das Fläschchen leer ist, werde ich in mein Quartier wanken, in ein gutes friesisches Bett sinken und einen starken Schlaf haben und vielleicht auch einen guten Traum.

Träume habe ich viel, gewöhnliche und außergewöhnliche, schlimme, daß ich schweißgebadet aufwache, und solch schöne, daß ich aufwache und mich körperlich so wohl fühle, als hätte ich ein Bad genommen.

Auf Juist werde ich nach jenem Tag einen guten Traum haben. Die körperliche Betätigung durchs Spazierengehen, die würzige Luft, der Rum in meinem Blut und die schönen Erinnerungen werden schon dafür sorgen. Ich kann mir schon vorstellen, was ich träumen werde. Zum Beispiel werde ich träumen, daß ich im Billwald bin, da wird mir ein Spaziergänger, ein sächsischer Spaziergänger, entgegenkommen. Guten Tag, Herr Seume, werde ich sagen, können Sie mir mitteilen, wie oft man die Insel umrunden muß, um nach Syrakus zu gelangen, und er wird mit seinem Spazierstock eine Zahl in die Luft schreiben, aber viel zu schnell, so daß ich's nicht lesen kann, und er wird weitergehen.

Dann wird mir ein sächsischer Matrose entgegenkommen, und ich werde sagen, guten Tag, Herr Ringelnatz, würden Sie bitte ein Gedicht rezitieren. Er wird mich groß ansehen, dann aber in eine andere Richtung gucken und ausrufen, das Reh, das Reh und wird davonstürzen.

Dann werde ich Leute zwischen den Bäumen hin und her huschen sehen und erst nicht wissen, wer es ist, bis ich einen ausrufen höre: Johann Sebastian, hinreißender Bach! Ach Bach, Bach. Da werde ich wissen, hier ist Orgel-Morgan, und dann sehe ich alle klarer, Cherry Owen wie immer bezecht, Mr. Waldo und Polly Garter, Miss Myfanwy Price und Mr. Mog Edwards und Willy Nilly den Briefträger und Boyo Nichtsnutz, dann die schöne Gossamer Beynon mit einer Tüte in der Hand, aus der ein buschiger Mann guckt, und Kapitän Cat, der sie bewundert. Und ich sehe Ehrwürden Eli Jenkins, ein kleines Gebet sprechend. Miss Mae Rose Cottage sehe ich nicht, höre aber ihre Ziegen mekkern. Nun weiß ich es, drüben von der walisischen See ist das ganze Ensemble des Milchwaldes in den Billwald gekommen. Dann tritt aus ihrer Mitte der, dessen Haupte sie alle entsprungen sind, Dylan Thomas. Er kommt auf mich zu und frägt, mein Herr, warum haben Sie mich von so weit her hierhin zitiert?

Ich sage zu ihm: Sie haben eine Geschichte geschrieben, worin Sie erklären, wie man eine Geschichte anfängt. Daran halte ich mich immer, nun habe ich Schwierigkeiten, wie man eine Geschichte zu Ende bringt, darüber haben Sie nichts gesagt, und nun frage ich Sie, wie bringt man eine Geschichte zu Ende.

Er tut so, als habe er nichts gehört, und frägt wiederum mich: Wer sind die beiden älteren Herren hinter Ihnen?

Ich: Das ist mein Großonkel Gornejwor und mein Großonkel Aigoudsnoum.

Er: Das klingt exotisch, welche Sprache ist das und was bedeutet das?

Ich: Es ist gar nicht exotisch, es ist das Mutterdeutsch meiner nordböhmischen Heimat.

Er: Und welche Bewandtnis hat es damit?

Ich: Der eine Onkel war ein Erfinder von unglaublichen Geschichten, und immer dann, wenn es ganz schlimm kam, rief seine Frau: Gornejwor (gar nicht wahr), ach wenn du doch nicht gar so lügen würdest. Davon hat mein Onkel seinen Namen.

Er: Und der andere Onkel?

Ich: Der hat so ziemlich alle und alles gesegnet mit den Worten ai gouds noum (in Gottes Namen), auch die Geschichten seines Bruders – aber Herr Thomas, wie bringe ich eine Geschichte zu Ende?

Er: Sagen Sie, was haben Sie da für einen hübschen Blumenstrauß in den Händen?

Ich schaue auf meine Hände und sehe, daß ich einen Blumenstrauß halte aus lauter Löwenzahnblumen, garniert mit ein bißchen Vergißmeinnicht.

Ich: Der ist für Miss Mae Rose Cottage!

Dylan Thomas ruft in den Billwald: Mae Rose, komm raus, du kriegst einen hübschen Blumenstrauß!

Mae Rose Cottage tritt vor mich, macht einen Knicks und nimmt den Blumenstrauß entgegen. Das Vergißmeinnicht zupft sie heraus und steckt es an ihren Busen, dann pfeift sie auf zwei Fingern, und aus dem Billwald kommen zwei hübsche weiße Ziegen, und indem sie jeweils die eine und die andere mit einer Löwenzahnblume füttert, sagt sie auf: Er liebt mich, er liebt mich nicht, er liebt mich, er ...

Und da, als ich meine Frage hartnäckig wiederholen will, pfeift ein Windstoß über unsere Köpfe und fegt die Blätter waagerecht von den Ästen, ich spüre Druck unter meinen Füßen, meine Knie knicken ein, und Ehrwürden Eli Jenkins schreit: Wir fliegen, wir fliegen, und das ganze Milchwald-ensemble stürzt in den Billwald hinein und Dylan Thomas hinter ihnen her. Verzweifelt rufe ich noch einmal: Herr Thomas, wie bringe ich eine Geschichte zu Ende? Da dreht er sich noch einmal kurz um, kneift ein Auge zu und ruft: Finnegan, Finnegan!

Das ist der Augenblick, da die Insel fliegen wird, und ich werde in eine Ohnmacht, in eine Traumohnmacht sinken aus Angst, gegen die Sterne gedrückt zu werden.

Gleich darauf werde ich aufwachen und aufatmen und mich wohlbehalten in einem guten Bette wissen.

Am nächsten Morgen aber, da ich aufgewacht bin, wird mir das Wort Finnegan nicht aus dem Kopfe gehen.

Seinerzeit, damals schrieb ein Rezensent in der Zeitung »Die Zeit« über die Bedeutung des Wortes Finnegan in »Finnegans Wake«, es beinhalte die Worte Fin und again, also Ende und Anfang. Na gut, so soll es mir recht sein. Ich werde im Winter, wenn die Nächte am längsten sind, ein Gelübde machen. Ich werde geloben, im Frühjahr nach Juist zu fahren.

An die Kurverwaltung werde ich schreiben und um eine Auskunft bitten, an welchem Tage die größtmögliche Anzahl von Hausfrauen auf der Insel Frühjahrsputz hält. Frühjahrsputz ist etwas Herrliches, es ist die untrügliche Besiegelung, daß der Winter vorbei ist. Nur muß der Mann dann außer Haus gehen. Ich würde, hätte ich das Datum, durch die Juister Straßen gehen und mich erfreuen an der Fensterputzfreude der Juister Frauen. Wie sie das Glas blank machen, zum hinaus- und hineinschauen. Aus unzähligen Fensterschwenks träfen mich Lichtblitze nicht verwundert, ohne Donnergrollen, nur begleitet vom vergnügten Quietschen des Fensterleders, manchmal unterbrochen von ein bißchen Klirren.

Den vergangenen Winter noch kurz hinter und den kommenden weit vor mir wissend, werde ich mit Lust weiterschreiten in den schon beginnenden Frühling und in die danach kommende Zeit. Ende. Finnegan, Finagain, again, again, again.

Friedrich Georg Jünger

Merkwürdige Tage

An Krieg dachte damals keiner von uns, auch gab es viele Leute, die für unmöglich hielten, daß jemals wieder ein großer Krieg kommen könne, darunter solche, die haarscharf bewiesen hatten, warum das nicht sein könne. Indessen schrieb man das Jahr 1914, und der schöne Sommer dieses Jahres war gekommen. So geschah es denn, daß eines Tages – ich saß gerade im Zuge, der mich von der Schule nach Hause bringen sollte – ein Reisender in das Abteil eintrat, das Extrablatt in der Hand, das die Ermordung des Erzherzogs Franz Ferdinand bekanntmachte. Er las es und sagte dann mit ernster Stimme: »Kinder, das bedeutet Krieg.« Der Zusammenhang wurde mir nicht deutlich, denn mit österreichischen Erzherzögen hatte ich nichts zu schaffen, und von Österreich wußte ich wenig, so wenig, daß ich mir die Folgen eines solchen Verbrechens nicht im mindesten vorstellen konnte. Sehr deutlich wurde mir aber die Unruhe, die sofort alle Reisenden ergriff und eine Art von Vertraulichkeit und Zusammengehörigkeit schuf, die neu war. Die Bauern, die in der Stadt gewesen waren, und die Steinhuder Fischerfrauen, die von ihrem Fischhandel aus der Markthalle in Hannover zurückkehrten, blieben von dieser Unruhe nicht frei, so erfaßte sie denn auch mich. Ich dachte – vielleicht zum ersten Male – an die Zukunft, und obwohl ich von ihr keinen Begriff hatte, war sie doch in der Unruhe da und erhielt sich in ihr.

Merkwürdige Tage folgten. Es war, als ob ein unheimliches Knistern durch alles Gebälk und Mauerwerk ging; die Vorzeichen waren stark. Die Spannung wurde mit jedem Tag unerträglicher. Dennoch entschlossen sich meine Eltern zu ihrer Sommerreise, so war ich denn mit ihnen im Juli auf Juist. Wir verbrachten den ganzen Monat auf dieser Insel, auf der wir schon in früheren Jahren gewesen waren. In ihrer Mitte, im »Loog«, liegen einige Häuser von Bauern und Fischern; dort mieteten wir uns ein. Mir war sehr wohl dort. Das Meer trat bei Sturmflut vom Watt her manchmal dicht an die Häuser heran. Ich ging die ganze Insel ab, badete eifrig und lag in den Dünen. Die blühenden Gräser strömten einen Duft aus, der so süß und aromatisch wie Honig war. Mein Vater war mit Kombinationen über den Krieg beschäftigt, die er meiner Mutter vortrug. Dann kam der Tag, an dem die allgemeine Mobilmachung befohlen wurde, und sogleich entstand unter den Menschen eine summende Bewegung; es war, als ob ein Bienenkorb auszöge. Die Zeit der Ferien und sommerlichen Wanderungen hatte ein Ende, jeder strebte auf dem schnellsten Wege nach Hause zurück, und auch wir beeilten uns, die Insel zu verlassen.

Friedrich Georg Jünger

Angel und Anker

Die Haken, sie sind zwar
Verschieden gebogen,
Doch halten sie fest, was
An ihnen gezogen.

Und Fische und Schiffe,
So kräftig sie ziehen,
Sie folgen dem Eisen
Und können nicht fliehen.

Ich fasse den Sinn der
Neptunischen Zeichen,
Da Angel und Anker
So seltsam sich gleichen.

Friedrich Georg Jünger

Rohrlied

Als das Wasserhuhn noch tauchte,
Lag ich hier,
Lag am Ufer, Röhrichtwälder
Rauschten über mir.

Lang ist's her. Mein Wasserhühnchen
Ist entflogen,
Ist in seine, meine Fremde
Fortgezogen.

Hör ich auf dem Eise meinen Schritt,
Seufzt es leis.
Eine dumpfe Klage wandert mit
Unterm Eis.

O wie weit ist jetzt der grüne Mai,
Grünes Rohr.
Röhrichtsängers Lied ging lang vorbei.
Woran denkst du, Tor?

Unter Weiden liegt der Winter,
Lacht versteckt,
Silberfuchs, der seine weissen
Zähne bleckt.

Nimm den Stock und prügle unbarmherzig
Fort dein Leid.
Deiner Schwermut mach den Garaus, es ist
Hohe Zeit.

Friedrich Georg Jünger

Die rote Stunde

Vom schrägen West her dringt ein leuchtender
Strahl in die roten Dinge ein.
Wenn der Abend kommt, wird alles Rote
In der untergehenden Sonne Feuerschein.

Es leuchten die roten Ziegel, die roten Nelken.
Ein Leuchten bricht aus dem roten Stein.
Am Himmel leuchten die roten Wolken.
Im Glase leuchtet der rote Wein.

Es ist, als ob die Frauen tiefer erröten.
Der Wohllaut beginnt in Farben zu tönen.
In des kreisenden Lichtes leuchtendem Kreis
Wiegen sich trunkner die Schönen.

Die Nattern heben im Grase ihr strahlendes Haupt.
Das ist die Stunde der roten Lanzen.
Der Dichter erhebt sich und beginnt
Im roten Lichte zu tanzen.

Friedrich Georg Jünger

Abend am See

Ich sah einen goldenen Vogel
Entfliehn über Hügel und Höhn.
Warum ist nur die Sonne
Im Untergehen so schön?

Es kommt ein Schein, der von unten
Die Erde erhellt,
Und der mit seinem bunten
Lichte streift aus der Welt.

Er geht über das weite Wasser,
Das Welle um Welle verrollt.
Der Fischer am Ufer fischt sich
Mit Netzen das flüssige Gold.

Joachim Günther

Seestücke

Das graue Meer

Die Erde soll vom Weltraum aus »der blaue Diamant« sein. Sie ist es, weil die Ozeane, die an Ausdehnung die braunen, grauen oder grünen Landmassen erheblich übertreffen, ihren Schimmer ins All werfen. Die Vorzugsfarbe der Meere ist zweifellos Blau. Das graue Meer ist eine Ausnahmeerscheinung. Man könnte von einer Krankheit sprechen oder einer geographisch-meteorologischen Variante. Für uns kann am häufigsten die Nordsee ein graues Meer sein. Farben des Meeres sind vom Wetter abhängige Einkleidungen, keine Wesensmerkmale. Es bestehen da aber Neigungen, und die der Nordsee zum Grau ist nicht zu leugnen.

Das graue Meer ist ein Widerspruch zu den Unternehmungen des Menschen, mit dem Meer schön zu tun, ihm ästhetische Qualitäten samt dem Unterbau der Erholungswerte abzugewinnen. Ein graues Meer ist Anti-Ästhetik, ist das häßliche Meer. Das stürmische graue Meer, über dem die Wolken jagen und die Sonne gelöscht haben, so daß auch Strand und Dünen in bleierne Regenumhänge gekleidet sind, während allein die Wellen mit weißen Schaumzügen zwar nicht Farbe, aber doch aufblinkendes Licht ins trübe Einerlei von Himmel, Erde und Meer bringen, dieses Meer kann die Seele frieren machen.

Es ist aber auch Reaktion möglich, und sie hängt, wie auch sonst im Leben, sehr davon ab, ob man von den Erscheinungen nicht mehr gerechtfertigte Kräfte des eignen

Untergrunds mobilisieren kann. Man kennt dergleichen aus anderen Bereichen.

Der trotzige Widerstand mancher alten Leute gegen den körperlichen Verfall, die Kriegserklärung des Geistes an die leibliche Übermacht ist eine der schönsten menschlichen Gebärden vor dem Schicksal. Da können Wunder geschehen. Dem Tapferen kann das graue Meer zum Sinnbild und Inbegriff düsterer Mächte der Natur werden. Vielleicht ist auch hier noch Abstand und ästhetische Perspektive vorausgesetzt. Erst die Schiffer, Fischer, Rettungshelfer, die mit dem Meer handgemein werden, behalten keine Zeit zu ästhetischer Betrachtung und Deutung – allenfalls hinterher beim Grog am Ofen. Dennoch bringt der Spaziergänger am grauen stürmischen Meer zum Ausdruck, daß er den schmerzenden Seiten von Leben und Natur nicht gar so weichlich, wie es der Mensch sonst zu tun pflegt, aus dem Wege zu gehen sucht. Es gibt bösere Naturszenerien als das graue Meer: Eis, Gletscher, Vulkane, Wüste. Im grauen Meer wird immer noch ein wenig Theater, tragisches Theater der Natur gespielt. Darin liegt aber auch seine Anziehungskraft, die Magie aller seiner lichtlosen Geister. Auch die Vögel des Meeres lassen es fühlen, daß das graue Meer nicht eben ihre Stunde ist. Sie verbergen sich, wo sie können, und auch die sturmfesten Möwen unterlassen überflüssige Pendelflüge den Strand entlang, von denen sie der Wind allein nicht abbringen würde. Das graue stürmische Meer über viele Tage hin kann für Tier und Mensch zur seelischen und leiblichen Strapaze werden, wie sie auch eine tapfere Seele dann nur noch mit Mühe erträgt. Südliche Meere, die monatelang ein und dasselbe Himmelsblau zurückstrahlen, können sich zwar in den kühleren Jahreszeiten auch in Stürmen austoben und mit Gewölk überziehen. Vom grauen Meer läßt sich bei ihnen trotzdem nicht sprechen, es fehlt die verzehrende Schwermut, wie sie nur die Meere nördlicher Gebiete verdüstert und doch auch auszeichnet. Seltsam, daß man diese Schwermut gerade in unseren Zeiten, da es soviel leichter geworden ist, ihr zu entfliehen, nicht gänzlich mehr missen möchte, auch wenn die Seele aufatmet, sobald der Wind die Wolkenvorhänge zu ersten neuen Lichtblicken auf das Meer wieder aufgerissen hat und ihm Farbe zurückgibt.

Der lange breite Strand

Warum nicht einfach: der Strand? Warum der lange breite? Weil man den Strand erst richtig sieht, wenn er sich in beiden Richtungen der Ebene ausgeweitet hat. Sonst ist er nur der übliche Sandstreifen zwischen Düne und Meer, angeworfen von den Wellen, aber oft auch von ihnen wieder zurückgeholt, zumal wo das Meer Gezeiten hat. Nie ist Strand ganz gesichertes Land, und ein grüner Strand wäre ein hölzernes Eisen. Damit ist ein von Pflanzen besetzter Strand gemeint, nicht aber, daß Strand immer hell und sandig sein müsse. Es gibt viele steinige und farbige Strände, dennoch sind sie Ausnahmen, wobei schon das Wort Strand in sich auch die Vokabel Sand enthält.

Erst Länge und Breite machen indessen den Strand zu einer selbständigen Größe, die nicht nur Rahmen und Rand für das Meer zur einen und das Hinterland des Strandes zur anderen Seite ist. Solche langen breiten Strände, die für sich allein angesehen und gewertet werden wollen, sind nicht gerade die Regel, aber auch nicht ganz seltene Ausnahme. Es gibt sie eindrucksvoll auf den meisten deutschen Nordseeinseln. Die Maße für Breite und Länge werden von der Zentralperspektive des menschlichen Auges bestimmt, das nur begrenzt in die Breite, aber schier endlos in die Länge, besser: in die Tiefe des Raumes sehen kann. Grob und in Zahlen gesprochen, muß ein Strand vier- bis fünfhundert Meter breit und acht, zehn, zwölf Kilometer lang sein, um sich den Titel des breiten langen Strandes zu erwerben und damit das Sonderphänomen Strand überhaupt erst recht zur Erscheinung zu bringen. Die Küste darf hierfür keine krassen und schnellen Richtungsänderungen vornehmen, weil das die Länge des Strandes beeinträchtigt, und sie darf nicht zu rasch ansteigen in Düne, Kliff oder Fels, weil damit die Breite des Strandes beschränkt wird.

Der lange breite Strand ist ein Fest für das Auge, das ebenso sehr die Helligkeit wie die Ausdehnung und den Raum in ihm genießt. Dazu bedarf es jedoch noch des Lichts, der Sonne. Bei grauem trüben Himmel verlieren auch die schönsten Strände das meiste von ihrem Reiz, ja von ihrer Wirklichkeit, und sie pflegen sich zugleich von Mensch und Tier zu entleeren.

Nun ist Strand überhaupt keine Vorzugsszenerie für Tierleben, so wenig, wie er den Pflanzen günstige Lebensbedingungen stellt. Für die Meerestiere: Muscheln, Schnekken, Quallen, Seesterne, auch manchmal Fische oder gar Wale ist er nur ein Friedhof. Die Landtiere im strengeren Sinn wissen, daß sie an ihm nichts zu suchen und auch nicht viel zu finden haben. So bleiben in der Hauptsache Insekten und Vögel, die die Strände zusammen mit dem Menschen beleben. Nur der Mensch ist dabei groß und erhoben genug, um am Strande auf größere Entfernung hin noch gesehen zu werden – mit ihm die von ihm zuweilen zum Strand geführten großen Tiere, besonders also Pferde, an nordafrikanischen Küsten Kamele. Zugleich enthüllt und entlarvt der lange breite Strand aber wie kaum eine andere Folie die Winzigkeit, ja die Nichtigkeit dieses Herrn der Erde, wenn man einmal allein an die Größenverhältnisse denkt. Winzige Krabbeltiere scheinen es nur zu sein, die Menschen auf zwei, drei Kilometer Entfernung am Strand. Hinwiederum sieht man sie überhaupt noch am ehesten über solche Entfernungen hin nur am Strande, vielleicht noch in strandähnlicher Wüste. Meer und Hochgebirge erniedrigen den Menschen auf ihre Weise gewiß noch viel stärker im Hinblick auf seine Kraft und Potenzen. Der lange breite Strand jedoch macht ein besseres Insekt aus ihm, was die Größenverhältnisse und den Eindruck des Auges betrifft.

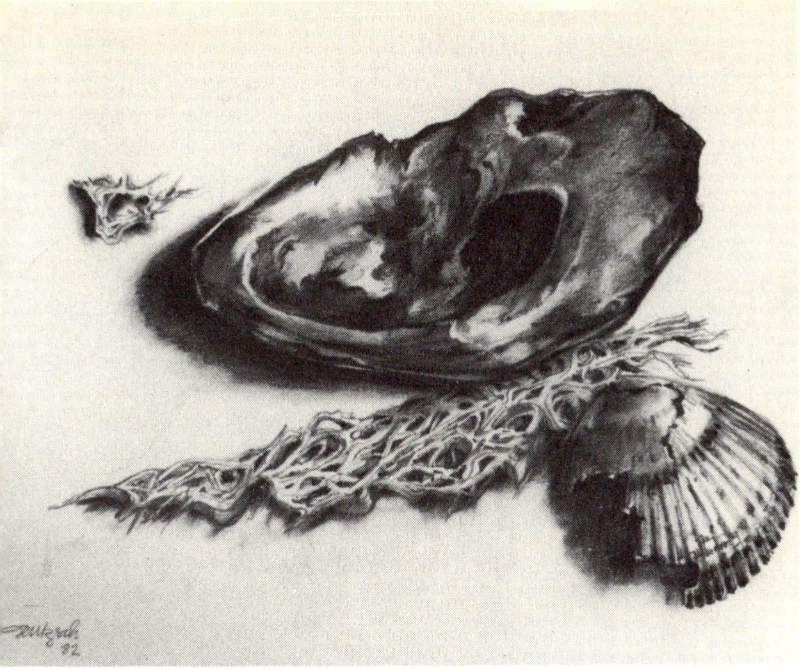

Herbert Gentzsch
MUSCHELN AM JUISTER STRAND
Bleistiftzeichnung

Um so herrlicher ist umgekehrt dieser Strand selber in seinem Eindruck auf das Menschengemüt. Man kann den Strand zwar nie vom Meer trennen. Dennoch ist es nicht zuerst das Meer, das die Schönheit des langen breiten Strandes herstellt, und noch weniger die Dünenwelle an seinem entgegengesetzten Rande zum Land hin, sondern allein er selbst. Da sind die Ferne und die Nähe in gleicher Weise ein Faszinosum. Die Ferne in der weißlich glänzenden Fluchtbahn für das Auge zum Unendlichen hin. Die Nähe mit einer fast von Meter zu Meter wechselnden Unerschöpflichkeit kleiner plastischer Gestalten, die das Wasser oder der Wind aus dem Sande geformt haben. Der lange breite Strand ist aber auch eine Aufforderung zur Strandwanderung. Der Mensch setzt sich ferne Ziele an ihm, oder er wandert ihn, besonders auf Inseln, in seiner ganzen Länge ab, so daß erst sein Ende das Ziel ist. So zieht der lange Strand nicht nur das Auge in die Tiefe des Raumes, die Füße folgen ihm nach und oft genug bis an den Rand ihrer Kräfte. Der lange breite Strand beginnt meistens erst da, wo die »bewohnten« Strandpartien, die Strandkorb- und Badezonen ihr Ende erreicht haben. Nur die Bretternester der Strandanarchisten erinnern hier und da daran, daß auch die einsamste Strandlandschaft noch in das allumfassende Imperium der Zivilisationswelt hineingehört. Wenn der Strand sonst eher nur den Rahmen des Meeres einerseits, den der Küstenlandschaft zur anderen Seite auszumachen pflegt, kann der lange breite Strand solche Gewichtsverhältnisse einmal umkehren und die schäumende Brandungswelle des Meeres, die erstarrte Welle des ersten Dünenzugs zu seinem Rand und Rahmen herunterpotenzieren.

Ebbe und Flut

Wie schön in Ton und Rhythmus die beiden deutschen Wörter für diesen gewaltigen Naturvorgang sind! Ein Wortpaar, das in einer Ehe zueinander steht, die nicht auflösbar ist, dem Einzelteil kein Eigenleben ermöglicht. Die Analogie soll nicht überzogen werden, wie es naheliegt, nämlich damit, daß die Ebbe das Femininum, die Flut das Maskulinum der Beziehung darstelle. Schon die Sprache hat so weit nicht mitgemacht, indem sie beiden, einander entgegengesetzten Erscheinungen gleiches weibliches Geschlecht zuordnete. Es bleibt aber sympathisch an der deutschen Ausdrucksweise, daß sie – zumindest im hochsprachlichen Gebrauch – die Wörter nicht so fix wie das Englische, auch das Französische zu einem Oberbegriff verschmolzen hat. Wenn wir Gezeiten sagen, ist es zwar auch der Oberbegriff von Ebbe und Flut, es fehlen uns aber Entsprechungen zu low-tide und high-tide oder zu flux und reflux. Dergleichen Sprachverhältnisse könnten mit unseren Küsten zu tun haben. Ebbe und Flut machen sich für uns mehr in der Horizontalen als in der Vertikalen bemerkbar. Der Ausdruck »das Wasser steigt und fällt«, den es im Deutschen zwar gibt, läßt die Sachverhalte weniger deutlich werden, als wenn man sagt: Das Wasser kommt und geht. Dennoch hat sich in der Fachsprache der meßbare technische Ausdruck von Steigen und Fallen dem in der inneren Überschau weit besseren Wort gegenüber durchgesetzt; es ist ja eher ein gewaltiges Kommen und Gehen des Meeres, als daß es ein Steigen und Fallen wäre. Ebbe und Flut bemerkt man wenig bei Meeren, die in ein Becken eingeschlossen sind wie Ostsee und Mittelmeer. Ihr Feld sind die Randgebiete der großen Ozeane. Es hat aber lange gedauert und zu den feineren Entdeckungen des Menschengeistes gehört, diesen machtvollen und regelmäßigen, dennoch sich nicht penetrant als Rätsel anbietenden Vorgang in seinen Ursachen und Zusammenhängen zu durchschauen. Im späten Altertum tauchten erste Ahnungen auf, daß Ebbe und Flut keine rein irdischen Vorgänge sein könnten. Die Hauptbeziehung zum Mond und seinem Stande konnte aber erst im Zuge der allgemeinen Massen- und Schwerkraftgesetze besser durchschaut werden. Auch heute noch weiß die Durchschnittsbildung nicht viel mehr über die Ursachen von Ebbe und Flut, als daß sie im Monde zu suchen sind. Schon daß die Sonne auch – etwa um die Hälfte – daran beteiligt ist, daß sich die Wirkungen von Sonne und Mond bei Vollmond und Neumond zur Springflut addieren, ist bereits naturwissenschaftliche Fachbildung. Ebbe und Flut heißt für uns im Nordseebereich vom Strand zurücktretendes und an ihn vordringendes Meer. Es heißt darüber hinaus im Zwischenbereich der Wattgebiete Überflutung oder Austrocknung im zweimaligen Wechselspiel des Mondtages (der um fünfzig Minuten länger als der Sonnentag ist). Helfen Wetter und Wind, kann sich die Flut zur Sturmflut steigern. Das Gefährlichste sind Spring- und Sturmflut zugleich.

Dennoch hat man inzwischen seine Not, den Mythus der Sintflut mit dem Regelvorgang von Ebbe und Flut, wie es das Grundwort nahelegt, ernstlicher zusammenzubringen. Die Küstenbewohner mögen da anders denken, weil sie wenigstens Anfänge jenes Grauens erleben, das den Sagen nach mit der Sintflut über die ganze Erde gekommen sein soll. Im großen aber ist dem Menschen, wie er heute die Erde bevölkert, eine Sintflut, die alles Land unter Wasser setzen könnte, eine irreale Vorstellung geworden. Auch die Rückblenden in archaische Zeiten, von denen dergleichen behauptet wird, lassen nur partikulare Katastrophen dieser Art denkbar sein, zumal ihnen Vorstellungen einer noch nicht als Kugel verstandenen Erde zugeordnet werden müßten. So haben Ebbe und Flut auch nicht mehr mit metaphysischen Parallelgedanken an Weltende und Weltgericht über den Menschen und das Leben sinnvollere Beziehungen. Sie sind periodische Erscheinungen, ähnlich den Jahreszeiten und dem Wetterwechsel, wenn auch – wie diese – mit Restbeständen von Unberechenbarkeit.

Ebbe und Flut zeigen inzwischen sogar eher positive Akzente, sie bringen ein lebendiges Element in das Meer, das den gezeitenlosen Meeren wie der nördlichen Ostsee oder dem südlichen Mittelmeer fehlt und diese deshalb für den »verwöhnteren« Meeresfreund, sogar was das sonnige Mittelmeer betrifft, in ihrem Zauber für das Auge mindert. Ein Meer macht sich durch Ebbe und Flut sichtbarer bis in seinen Grund hinunter, bis zu Getier und Wellenmuster bei Ebbe. Es macht sich zugleich leicht unwirklicher. Es büßt an Realität ein, die es in der Flut dann um so energischer zurückzuholen sucht, nicht ohne die Gewaltsamkeit dessen, der seiner Identität nicht ganz sicher ist. Durch Ebbe und Flut kommt das Meer dem Menschen näher, und der Mond, der auch sonst auf die Seele (nicht auf das Leben, das viel mehr von Sonne und Erde abhängig ist) verborgenen Einfluß übt, ist auch in diesen Zusammenhängen der Mittler.

In Ebbe und Flut scheint das Meer zu atmen, auch wenn es sich nur um einen eingeschränkten Vorgang an seinen Rändern handelt. Trotz aller Seefahrt bleibt jedoch der Mensch ohnehin im wesentlichen nur mit den Rändern des Meeres in Kontakt und Beziehung. Das Meer räuspert sich aber auch, indem es seine eigensten Geschöpfe: Fische, Krebse, Muscheln, Quallen ans Land in die Gefahr des Vertrocknens ausschickt, als wollte es sich mit solchen Geschenken Freunde vor allem unter den Meeresvögeln erwerben. Gezeiten sind eine Uhr der Natur, sie überführen die räumlich statische Welt – und auch das Meer ist trotz des flüssigen Aggregatzustandes im ganzen eine statische Größe – in die Zeitlinie des Lebens, fort von der Dominanz einer gleichbleibenden Erscheinungswelt, näher an das Leben und damit an den Menschen heran.

Dünenkuppenpfad

Was im Hochgebirge eine Gipfelwanderung ist, hat in der Dünenlandschaft am Meer eine Analogie im Kuppenpfad. In absolut genommenen Proportionen hat der Vergleich gewiß wenig Sinn. Seine Entsprechungen sind auf Umwegen vermittelt. Die erste und sinnfälligste Gemeinsamkeit liegt ganz nah vor dem tretenden Fuß: Es ist der schmale, oft verwachsene, oft sich teilende und verunsichernde, dazu ständig auf- und absteigende, kaum einmal mehr als in einer Menschenbreite begehbare Pfad als solcher. Die Umwelt ist beim Dünenkuppenpfad kein Gebirge mit gewaltigen Dimensionen und neben dem Pfad lauernden Gefahren. Dünen sind nur ein Miniatur-, ein Ateliergebirge. Sie haben in dieser Proportionsminderung jedoch mehr Ähnlichkeit zur Hochgebirgs- als zur Mittelgebirgsszenerie. Der Dünenkuppenpfad nähert sich einer Gebirgsgipfelwanderung bis zur direkten Entsprechung in seinem wichtigsten Aspekt: er erhebt den Wanderer über das Gesamt seiner Umwelt empor. Da ist die unverstellte Weite des Meeres, das Element im eindrucksvollsten Sinn zur einen Seite. Auf der Gegenseite breitet sich die Erde zwar nicht mit vergleichbarem Machtausdruck aus, aber doch in einem weiteren, über die nachbarlichen Sichtbereiche hinausgehobenen Horizont.

Durch Dünenlandschaften gibt es in der Regel nur Wege, die sie queren und die Verbindung vom Hinterland zum Strand herstellen. Diese Wege sind oft breit, sogar gepflastert oder mit Brettern belegt. Sie führen auch durch Dünengebiete, die nicht betreten und das heißt hier nicht abgetreten, in ihrer Schutzfunktion für das Land gemindert werden sollen. In solchen Gebieten kann es daher auch keine Dünenkuppenpfade geben, allenfalls eine künstlich zur Promenade erweiterte Großform von ihnen. Der richtige Kuppenpfad beginnt erst außerhalb der Dünenschutzgebiete. Es ist fast immer ein Pfad auf der ersten hohen Dünenkette hinter dem Strand, der die verschiedenen Querwege durch die Dünen meist rechtwinklig schneidet. Unter solchen einschränkenden Voraussetzungen ist der Kuppenpfad mit allen seinen Undeutlichkeiten und Beschwerlichkeiten dann aber sicherlich der schönste und ausgesuchteste Spazierweg oder Kletterpfad an der See. Er allein vermag die Strand- und Meerseite mit der Schönheit der Dünenlandschaft, dazu des Hinterlandes und zumal bei den Inseln am Meer auch noch des Watts und Wattenmeers in einem Rundblick zu vereinen. Eben das, was man bei besonders herausragenden Dünen zuweilen als Aussichts*punkt* hergerichtet hat, verlängert sich beim Dünenkuppenpfad zu einem fast ununterbrochenen Aussichts*wege*. Hinzu kommt der Abwechslungsreichtum der unmittelbaren Pfadumgebung. Der Weg fällt ja immer wieder ab von der jeweiligen Dünenspitze, führt auf dem Grad der Düne entlang und erklimmt die nächste Anhöhe. Zum Meer hin schließen sich die hellen, jungen, oft erst von wenigen Dünengräsern in ihrer Sandschönheit beeinträchtigten Vordünen an. Zum Lande hin nehmen Alterung und Begrünung zu, und nicht selten wölkt es in weiten Dünentälern von Sanddorn, Kriechweide, Dünenrose, Holunder, Heide und Krähenbeere, die zusammen den wundersamen, ins Braungrüne changierenden Farbton der hinteren Dünenlandschaft zur Herrschaft bringen.

Da der Dünenkuppenpfad eine kleine Gipfelwanderung ist, führt er meistens, was die Nahumgebung betrifft, durch die heimlicheren, verschwiegeneren Partien der Dünenlandschaft. Da sind die Auskehlungen, die in ihrer rundlichen Enge und Stille zu einsamem Hinlagern in der Sonne und im Windschutz einladen. Da ist die Zone der selteneren tierischen und pflanzlichen Strand- und Dünenbewohner. Eine Stranddistel zu treffen hat der Wanderer des Dünenkuppenpfades mehr Aussicht als der Strandspaziergänger auf den üblichen Wegen. Ebenso ist er schon durch die Erhöhung ins Luftmeer den Vögeln näher, ob es nun mehr um die Küstenvögel (Möwen, Seeschwalben, Strandläufer) oder die des inneren Strandes (Regenpfeifer, Lerchen, Liewen, Brandenten, den Kuckuck, den Falken, die Sumpfohreule) geht. Der Dünenkuppenpfad läßt sich seine Vorzüge aber auch mit Mühsal bezahlen. Er behält allemal etwas von »verbotenem Weg«. Dieses nicht allzu strenge Tabu sichert ihn davor, gemein zu werden. Es ist ein Pfad, der nicht ohne Gründe so schmal und so unausgetreten ist, ein

Weg für den einsamen, Anstrengung nicht scheuenden Küstenwanderer, der auf ihm denn auch vom Sturm mehr gezaust werden kann als am offenen Strand, den die schäumende Brandungswelle zur Hauptstraße am Meer mit ihren Vorzügen und Nachteilen zu machen pflegt.

Die Dünenrose

Sie ist eine Rose, die nur entfernt mit dem weißblühenden Dünenröschen verwandt ist. Ihr Name wechselt von Kartoffelrose zu Apfelrose; auch Tomatenrose wäre gut denkbar, wenn man zuerst an die unseren Rosenarten gegenüber prahlerisch vergrößerten, in satter Tomatenfarbe prangenden Früchte denkt. Diese Früchte enthalten zwar die vielen Kerne der Hagebutten, die es schwermachen, sie ohne Reue zu genießen wie Johannisbeere, Himbeere oder Kirsche, bei der das Ausspeien des Ungenießbaren sich in einen einzigen Akt, die Samen in einen Stein, verwandelt haben. Sonst aber läßt sich die gereifte Kartoffelrosen-Hagebutte zur Not ernsthaft als Nahrungsquelle verstehen. Weshalb sie hier Dünenrose genannt werden soll, hängt mit ihrem inzwischen bevorzugten Anpflanzungsgebiet zusammen.

Rosen sind auch sonst anspruchsvoll eher, was die Sonne als was den Boden betrifft. Die Dünenrose geht hierin aber weiter als alle anderen Arten. Sie gedeiht noch im reinen Sande der Dünen, gedeiht nicht nur, sondern entfaltet sich in pfauenhafter Pracht. Ihr Blattgrün übertrifft an Farbensattheit und Üppigkeit alle anderen Rosen. Ihre Blüten, purpurrot oder weiß, wahren zwar die Einfachheit der Wildrose, was die Zahl der Blütenblätter betrifft, aber sie sind größer, entschiedener, auch massenhafter als die der heimischen Hunds-, Wild- oder Heckenrosen. Was für die Frucht gilt, hat schon für das Blühen Geltung gehabt: eine ellbogenstarke, sich durchsetzende, eine wenn man so will plebejische Rosenart. Zu ihren Gunsten darf jedoch gesagt werden, daß sie ihr Verbreitungsgebiet nicht der heimischen

Wildrose gestohlen hat, vielmehr gleichsam ein Gastarbeiter bei uns ist, der dort blüht und gedeiht, wo die andern es nicht mehr mögen. Daß dies besonders die Küsten- und Dünenszenerie ist, entspricht einer biologischen Nische. Erst seit man Dünenrosen in die meeresnahen Anlagen sowohl wie in die Naturlandschaft der Dünentäler hat eindringen lassen, gibt es dort üppige Rosenblüte im Frühsommer, im Sommer und auch noch den Spätsommer über.

Die Dünenrose ist am Rosenmaß gemessen keine sehr durchgeprägte Rose, was die Blüten und überhaupt das Aussehen betrifft. Rosen haben, entgegen dem Sprichwort, botanisch gesehen keine Dornen, sondern Stacheln, weil ihre spitzige Wehr nicht aus verwandelten Blättern besteht, sondern unmittelbar aus Stamm und Stiel sprießt, deshalb auch leichter abschabbar ist. Die Dünenrose würde diesem Tun aber allein deshalb schon stärkeren Widerstand als andere Rosen entgegensetzen, weil sie auf Stämmchen, Stielen und Blättern mit einer Unzahl von Stacheln, viel mehr als alle anderen Rosen, besetzt ist. Ihr ganzer Leib, gleichsam ihr Ästeskelett hinter dem Laub ist eine einzige Stachelwehr, die jeden gedankenlosen Griff in den Strauch zu einem blutigen Abenteuer machen würde. Diese igelhafte Stacheligkeit macht die Dünenrose ungeeignet für den Knaben des Goethelieds, der da ein Röslein sieht und brechen möchte. Hier wehrt sich das Röslein nicht nur und muß es doch leiden, sondern schreckt den leichtfertigen Sünder von Anfang an energisch zurück. Es gibt schwerlich jemanden, der die Dünenrose mit ihren Blüten als Strauß für eine Vase mißbrauchen würde. Von allen Rosen hat die Dünenrose aber auch die entschiedenste Diskretion, was ihr »Inneres« betrifft. Nur mit Absicht und Gewalt könnte man ihr unter das dichte Blätterkleid fassen. Was dort zu entdekken wäre, hat aber auch nicht mehr viel mit der besonderen Schönheit eines winterlich entblätterten Hundsrosenstrauches zu tun. Es ist nur eine geist- und gestaltarme Vielfalt stachliger Strünke ohne die springbrunnenartige Plastik sich biegender und emporschießender Zweigkombinationen, wie sie die heimische Wildrose auch im laublosen Zustand noch kostbar macht. Solche Herabstufung kündigt sich schon im vergröberten Blatt der Dünenrose an. Es ist zwar gefiedert wie jedes Rosenblatt, wahrt auch dessen Zahlenordnung – sechs, meistens acht seitliche Fiederblätter und ein Spitzenblättchen dazu –, aber das alles schwimmt bei ungenauerem Blick zum dichten Laub des Strauchs im ganzen zusammen, der keine feineren Gliederungen mehr erkennen läßt. Die Dünenrose ist eine Rose, eine Rose, eine Rose – sie ist es aber zuerst und zuletzt nur da, wo es sonst nicht mehr viel an Rose zu sehen und zu verehren gibt.

Der Austernfischer

Wenn Gelehrte einem Tier den Namen geben und wenn es dann noch ein schlecht übersetzter ist, kommt etwas heraus wie Austernfischer. Im Englischen heißt der Vogel Oysterpicker, und der Name mag unter anderen Küstenverhältnissen Sinn haben. Bei uns gibt es kaum Austern, und daß der so altdeutsch schwarz-weiß-rot gefärbte Vogel sie »fischen« statt picken würde, ist vollends absurd. Die Friesen nennen die Vögel Liewen und treffen damit ihre gellenden Rufe, also eine nicht unwichtige Seite ihrer Wirklichkeit. Dennoch wird die denunziatorische Benennung Austernfischer in der deutschen Allgemeinsprache nicht mehr auszurotten sein. Unter den Küstenvögeln der Nordsee mehr als der Ostsee nimmt der Austernfischer eine zwar nicht beherrschende, aber auch nicht beiläufige Rolle ein. Er ist auffällig, was Färbung und Ruf betreffen. Er ist auch im Küstenbereich ein eher zu den größeren als den kleinen Vögeln gehörender Anwohner. Dazu vermittelt er zwischen Arten und Gattungen, vor allem zwischen den eigentlichen Meeresvögeln: Möwen und Seeschwalben, und den Vögeln des meeresnahen Landes, der Wattsümpfe, Wiesen, Dünen: Schnepfen, Rotschenkel, Säbelschnäbler, Reiher. Dennoch ist er ein deutlicher Einzelgänger, der sich in keine andere Gattung fügt. Auch seine Lebensweise ist einzelgängerisch, soweit es sich um den erwachsenen gepaarten, eine Familie aufbauenden Vertreter seiner Art handelt. Daß sich Austernfischer vor allem im Herbst nach der Brut und auch über Winter zu größeren Gesellschaften zusammenfinden, daß noch ungepaarte junge Vögel die Gesellschaftlichkeit über das ganze Jahr ausdehnen, widerspricht dem Individualismus der voll entwickelten Tiere nicht. Es gibt keine Austernfischerkolonien, wie es Möwen- oder Seeschwalbenkolonien gibt, und auf Vogelbergen sind sie auch nicht zu finden.

Daß der Austernfischer trotz weißen Unterleibs ein eher dunkel als strandhell wirkender Vogel ist, hindert ihn nicht, mitten im gleißenden Dünengebiet zu nisten. Er tut's aber auch auf der braungrünen Hellerwiese, der sein Gelege günstiger angepaßt ist. Und er brütet als Einzelgänger sogar inmitten der ungeheuren Gefahr einer Möwenkolonie, wo er fast pausenlos die Last der Bewachung der Eier und der Vertreibung der Eierräuber auf sich nehmen muß. Der Austernfischer ist ein menschenfreundlicher Vogel, so wie umgekehrt inzwischen auch der Mensch ihn gern hat und schützt, auch wenn er ihm noch bis in unser Jahrhundert nachgestellt hatte. Ein wenig spielt dabei vielleicht die Erinnerung an den Storch und dessen Menschenbeziehung eine Rolle. Der Austernfischer ähnelt einem verkleinerten Storch, freilich mehr dem schwarzen als dem weißen: die hohen rötlichen Beine, der lange, ebenfalls rötliche Schnabel, das lebhafte, wachsame, rotgeränderte Auge, die schwarzen Flügeldecken. Nur sein nach Möwenart geduckter, nicht aufgerichteter Gang mit den raschen Schritten ist nicht mehr stelzvogelähnlich. Der fliegende Austernfischer hat vollends alle Storchenassoziationen abgestreift. Im Flug hat er aber auch sonst mit keinem anderen Vogel seines Lebensbereiches noch Ähnlichkeiten. Er ist ein sicherer, rascher Flieger, aber mit einer schmetterlingshaften Nervosität, die sich erst beim Langflug über größere Strecken mildert. Das Austernfischergelege kann leicht gefunden werden. Getarnt ist es nicht, und die Vögel machen mit ihrem Geschrei eher darauf aufmerksam, als daß sie von ihm ablenken würden. Die Auffälligkeit ist aber inzwischen eher ein indirekter Schutz: Wer würde schon eine solche liebliche Kinderstube zertreten mögen? Der friesische Name Liewen für den Vogel trifft die nicht pfeifenden und doch auch nicht wie Möwen schreienden oder gar seeschwalbenartig knirschenden Rufe der Austernfischer in der Vokalisation sehr gut, auch wenn das Konsonantische in ihnen härter und schneidender ist. An anderen Küsten, besonders an denen der Inseln, fehlen die Austernfischer nirgendwo, so daß auch Nichtkenner der Vögel sie rasch von allen anderen Seevögeln unterscheiden lernen. Man braucht sie aber auch auf Reisen in alle Kontinente, wo immer es Küsten zu besuchen gibt, ob in den Tropen, im Mittelmeer oder den gemäßigten Breiten, nicht zu entbehren, nur die Färbung variiert ein wenig und in südlichen Gebieten eher ins Schwarze als ins Hellere. Ein Weltküstenvogel im wahren Sinne des Wortes.

Ernst Jünger

Juist, 10. Juni 1969

Mit Hanna im Watt. Strandgänse, Austernfischer, Rotschenkel, Kiebitze. Ihr schrillendes Herabstoßen verrät, daß man sich den Nestern genähert hat. Die Eier sind von verschiedener Größe – oliv- und graugrün mit brauner Tüpfelung.

Der Schlick hat eine stumpfere Palette: ein Mattgrau, schwarz gesprenkelt von den Auswürfen zahlloser Würmer, die ihn durchsieben und verdauen. Die Ebbe legte eine Miesmuschelbank frei, ein dunkles, vom Byssus durchflochtenes Nest. Ein roter Schlangenstern als Dekor. Runde Herzmuscheln rollten mit dem Rückstrom die Priele hinab.

Was unter den Säulen die dorische, das ist im Reich der Konchylien die Herzmuschel. Ein großer Wurf ist geglückt. Das unergründliche Plasma hat ein Meisterstück geschaffen; nun kann es unendlich variiert und raffiniert werden. Da soll nicht Freiheit sein?

Die Muschel wird aus der Form heraus erhärtet, während die Statue in die Form gegossen wird. An dem Vergleich ist auszusetzen, daß er zwei verschiedene Phasen konfrontiert. Vergleichen muß ich nicht Guß und Erhärtung – das sind Methoden – sondern das Gehirn des Cellini und die Valven der Herzmuschel. Dort ist die graue Schicht, der Schatzgrund, der Perle wie Kunstwerk aus dem Unvermessenen heraushebt; sein Siegel ist beherrschte Symmetrie.

Ernst Jünger

Aus den Strandstücken

Im dichten Gestrüpp hinter der Düne, inmitten üppiger Schilfgürtel, erbeutete ich auf meinem gewöhnlichen Gange ein glückliches Bild: das große Blatt einer Zitterpappel, in das ein kreisrundes Loch gebrochen war. Vom Rande dieses Ausschnittes schien ein dunkelgrüner Fransensaum herabzuhängen, der sich bei näherer Betrachtung als ein aus einer Reihe von winzigen Raupen bestehendes Gebilde entpuppte, die sich mit ihren Kiefern an das Blattmark klammerten. Hier mußte vor kurzem ein Schmetterlingsgelege ausgekrochen sein; die junge Brut hatte sich wie ein Feuerbrand auf ihrem Nährboden ausgedehnt.

Das Seltene dieses Anblicks bestand in der Schmerzlosigkeit der Zerstörung, die er vorspiegelte. So machten die Fransen den Eindruck herabhängender Fasern des Blattes selbst, dem gar nichts an Substanz verlorengegangen schien. Hier war so augenfällig, wie die doppelte Buchführung des Lebens sich abgleicht; ich mußte an den Trost Condés denken, den er dem über die sechstausend Gefallenen der Schlacht bei Freiburg weinenden Mazarin spendete: »Bah, eine einzige Nacht in Paris gibt mehr Menschen das Leben, als diese Aktion gekostet hat.«

Diese Haltung der Schlachtenführer, die hinter der Verbrennung die Veränderung sieht, hat mich von jeher ergriffen, als Zeichen einer Lebensgesundheit, die den blutigen Schnitt nicht scheut. Sie konzentriert sich mit klassischer

Kürze in dem für Chateaubriand so ärgerlichen Wort von der Consomption forte, vom starken Verzehr, das Napoleon zuweilen in jenen für den Feldherrn untätigen Augenblikken der Schlacht zu murmeln pflegte, in denen alle Reserven auf dem Marsch sind, während die Front unter dem Angriff von Reitergeschwadern und dem Beschuß der vorgezogenen Artillerie wie unter einer Brandung von Stahl und Feuer zerschmilzt. Das sind Worte, die man nicht missen möchte, Fetzen von Selbstgesprächen an Schmelzöfen, die glühen und zittern, während im rauchenden Blut der Geist in die Essenz eines neuen Jahrhunderts überdestilliert.

Dieser Sprache liegt Vertrauen auf das Leben zugrunde, das leere Räume nicht kennt. Der Anblick seiner Fülle läßt uns das geheime Zeichen des Schmerzes vergessen, das die beiden Seiten der Gleichung trennt – wie hier die nagende Arbeit der Kiefer Raupe und Blatt.

Hugo Borger

Im Gehen beginnt Juist

Jedes der Meere auf der Welt hat mit jedem anderen eine Gemeinsamkeit: diesen Wasserkontinenten eignet etwas Elementares. In dem Leben der Wellen ist Bewegung und Ruhe gleichermaßen. Man fühlt sich an einen Urgrund des Seins geführt. Ist nicht aus dem Wasser alles geworden? Schwingt das mit, wenn man an einem Meer, auf oder – heute im Flugzeug – über ihm ist? Für mich jedenfalls ist der Urgrund von Sein in diesen Wasserlandschaften gegenwärtig, gibt sich an und in ihnen eine namenlose Kraft zu erkennen. Schöpfung könnte von diesem Gleichmaß, von dieser Kraft und wohl auch von den Überraschungen geprägt sein, die diesen Wasserwellen ohne Grenzen innewohnen.

Schon die Fahrt auf Juist zu hat einen besonderen Reiz. Die wiesengrüne Ebene, die der Küste zu oder von ihr weg ausgebreitet ist, liegt unter einem hohen Himmel, in dem an guten Tagen die Wolken wie Wesen ziehen. Der Atem wird weit. In der Flachlandschaft an der Küste wird einem frei. Man denkt in einer anderen Form. Gedanken können schweifen, finden keine Grenze.

Das grüne Flächenland mündet in das Meer. Ein Übergang von schöner Selbstverständlichkeit, den auch die Bausünden der Menschen nicht überdecken können. Das Meer erweist sich als stärker – weniger barmherzig als elementar.

Man fährt von Norddeich nach Juist. Die Schiffe sind auf

Fremde, die aus der Welt wollen, eingerichtet, man kann tief im Schiffsleib sitzen, in einem Gastraum oder in einem Ausblickraum, weit besser aber auf Deck, wodurch man Partner von Wasser und Wind wird.

Juist, zwischen Norderney und Borkum in der Perlenschnur jener Inseln gelegen, die Deutschlands Nordseeküste vorgelagert sind und ihre Fortsetzung nach Westen in den niederländischen Brüdern finden, bietet sich dem Auge vom Schiff aus als eine spröde Fläche dar, die eben aus dem Wasser lugt. Die Dächer der Häuser sind mit den Deichen und Dünen verschmolzen. Natur und vom Menschen hinzugebaute Gevierte bilden eine Einheit. Nur ein Wasserturm stört diese Einheit, ein wenig auch das Kurhaus, ein Block aus Weiß mit der Attitüde jenes Prunkes, den man um die Jahrhundertwende liebte, ein wenig in der Pose: hier bin ich und behaupte mich gegen die Natur, wie man es damals dachte, als es mit dem Fortschritt so richtig begann.

Im Näherkommen bietet sich die Insel breitseits dar, die hellen Strände wachsen aus dem Wattenmeer, sehr graphisch, scharfe Linien und in der ausgestreckten Art dann doch auch weit, wie eine von der Natur gebaute Sockelzone für Deiche und Dünen, die über dem hellen Band zu schweben scheinen und unter dem Wolkenziehehimmel etwas Menschenfernes haben.

Mag im Zufahren auf Juist die Insel noch eine unter anderen sein, ändert sich das in dem Augenblick, da man an Land gegangen ist. Hat man nämlich erst einmal die Lärmigkeit des Ankunftsplatzes – er hat die aller anderen auf der Welt – durchschritten und ist aus dem Menschenpulk heraus, ist man wie in einem Woanders. Vielfach kommt man sich, sofern man häufig reist, anderswo zu oft wie bei sich zu Hause vor, hier aber ist man sofort im Gestern, obschon die Mehrheit der bescheidenen Häuser, das ist auf einen Blick zu sehen, sehr von heute ist. Eine schöne Biederkeit, von angenehmer Schlichtheit nicht weit entfernt, was man wohlwollend notiert. Wo gibt es das denn heute sonst: Schlichtheit als Kennzeichen!

Aber vor allem ist es dann doch wohl: man kommt in Juist ins Gestern, in die Welt vor der Technik, gelangt in ein Areal, das man sich eigentlich als Welt überall wünschte: es gibt keinen Lärm, keine Hast, weil es keine Automobile gibt. Pferde ziehen Karren, Menschen fahren auf Rädern. Die Mehrheit indessen geht zu Fuß. Das geht. Es stiftet Frieden. Seltsamerweise ist das nicht das Flanieren wie in den Fußgängerzonen, die manche Politiker sogar Paradiese nennen; nein, man geht normal, wie der Mensch durch Aberjahrtausende gegangen ist. Im Gehen beginnt Juist. Und damit gibt es auch eine Stille, in der man den Schritt noch hört und solcherart ziemlich direkt seinen Mitmenschen wahrnimmt.

Bis um die Jahrhundertwende war Juist arm. Diese Inseln, die wenig Fruchtbarkeit haben, nur Land im Wasser sind, bieten wenig Auskommen. Die Gewalt der Wassernatur ändert den Umriß solcher Eilande, reißt sie bisweilen auseinander, fügt sie neu. Juist ist das so ergangen. Als Gast fühlt man sich hineingenommen in diesen Prozeß.

Obschon die Erde hier uralt scheint, ist sie eher neuzeitlichen Datums. Aber man fühlt: das Dauerhafte täuscht. Schon morgen kann die Natur ein anderes Aussehen verfügen. Dort bricht ein Teil, den man noch von neulich kannte, weg; hier wächst ein anderer hinzu. Die Dinge sind im Fluß. Man lernt: nichts auf der Welt, sie selber nicht, hat Bestand. Für einen Urlaub ist das ein guter Einstieg. Man wird angehalten, über sich nachzudenken.

Die Juister sind nun nicht mehr arm. Seitdem man die Natur als Erholungsraum entdeckte – der Urlaub ist eine der Errungenschaften der bürgerlichen Gesellschaft, wie sie sich im vergangenen Jahrhundert bildete –, kommen zur »Saison« die Fremden, die sich hier wie Einheimische fühlen. Juist ist wohl das, was man ein Familienbad nennt, geworden. Aber die Natur prägt hier mit: es gibt keinen

Aufwand. Wer solchen sucht, sei auf Partien von Norderney oder Sylt verwiesen. Juist wird denn wohl auch vornehmlich von solchen aufgesucht, die für sich oder mit der Familie sein wollen. Manche mögen das altmodisch nennen. Indessen ist das Ganze eher wohl der Gegenwart und ihrer Hektik vorausgedacht. Thomas von Kempen könnte, wäre er einer von uns, ein solches Abseits zum Besinnen erfunden haben.

Vielerlei Wohngelegenheiten bieten sich auf einer solchen Insel. Neben behäbigen Hotels schöner Bürgerlichkeit gibt es Miteinander stiftende Pensionen. Wir bevorzugen die private Wohnung, wo man die Kinder auch einmal auf ein paar Tage zu Gast haben kann, im übrigen aber für sich ist, bei sich selbst und damit in einem besonderen Sinn zu Hause. Die Welt, in der man tätig ist, sinkt fern. Nicht umsonst sagen die Juister, wenn sie vom Festland sprechen: die da, in Deutschland; und wenn man wieder abreist, fragen sie: Gehen Sie zurück nach Deutschland? Wahrscheinlich empfinden dies die Menschen auf den anderen Inseln ähnlich, aber hier äußert es sich unbedingter. Von zwölf bis drei Uhr mittags erlischt das Leben, fällt der Ort in Ruheschlaf: viel anders kann das im 18. Jahrhundert auch nicht gewesen sein; ein niederländischer Zug ist dann ins Ganze eingewoben, eine Behäbigkeit, die jedoch keineswegs weltfremd ist. Gewiß, Provinz ist auch dabei, aber das, was wir heute Provinz nennen, war früher doch einmal die Welt an sich, und daraus kamen viele kluge, noch heute geltende und wirkende Gedanken.

Indessen: Juist ist doch noch mehr, als bisher skizziert. Es ist vor allem – so banal das klingen mag – Natur im Meer und damit ein Glücksfall, an dem mich satt zu sehen und ihn zu erleben ich nicht müde werde.

Wo man geht und schaut: Wasser, Ruhe. Das Meer deckt alle Laute zu. Und kommt der Wind, der oft in Böen stöhnt, hinzu, gewinnt das Ganze immer neues Leben. Man wird durchweht, und es kann sein: man fühlt sich fast wie neu.

Natürlich mag auch Sonne eine Rolle spielen. Wenn

Sonne scheint, hat unsere Welt fast immer Heiterkeit. So sucht man sie. Doch Sonne ist hier bloß Teil vom Ganzen.

Mehr zählt schon die Weite. An der West-, Ost- und Südseite der Insel ist sie in den Strandebenen in einer Weise gegenwärtig, die das Herz höher schlagen läßt. Hier gibt es Raum! Ein größeres Glück, als mit dem Rad – nach Möglichkeit den Wind im Nacken – zwischen Land und Meer hinwegzuwehen und dabei um sich blickend in Gedanken zu versinken, gibt es nicht. Man kommt sich dabei selbst sehr nah und sieht daher auch manches mit einem anderen Blick. Körper und Geist werden gestärkt, und eine schöne Gelassenheit gewinnt die Oberhand. Ärzte würden wohl sagen: So soll Erholung sein.

Man kann natürlich auch in seinem Strandkorb sitzen, dösen oder lesen. Nirgends liest es sich so gut wie hier am Meer. Die fremden Gedanken finden dabei offeneren Zugang zu einem selbst, und Leselust inmitten von Natürlichkeit zu stillen ist ein Abenteuer, das ich über alles schätze. Ein Bücherkoffer ist daher wichtiger für Juist als vieles andere, was die Konsumwelt uns anzuschaffen rät.

Es ist auch möglich, auf dieser Insel auf Entdeckung auszugehen. Die Teilung, die die Sturmfluten dem Eiland angetan haben, hatte zur Folge, daß sich im Westteil der Insel, den ich bevorzuge, ein großer Süßwassersee bildete – der Hammersee, der von Pflanzen vieler Art umwachsen ist und den Tieren breiten Lebensraum bietet, denen man in diesem Inselteil in seltener Vielfalt begegnet, besonders im Frühjahr, wenn es auf der Insel noch fremdenleer ist.

An viele Orte habe ich mich im Laufe meines Lebens zum Urlaub zurückgezogen, auch einiges sonst von der Welt, ihren Städten und Kunstwerken gesehen. Aber so wohl gefühlt wie hier in Juist habe ich mich selten. Das mag sehr persönlich sein. Aber jedem, der auf Zeit der Welt entfliehen möchte, ist diese Welt außer der Welt zu empfehlen. Er sollte, soviel wird deutlich geworden sein, Lust auf Natur haben und im übrigen Ansprüche allein an sich selbst.

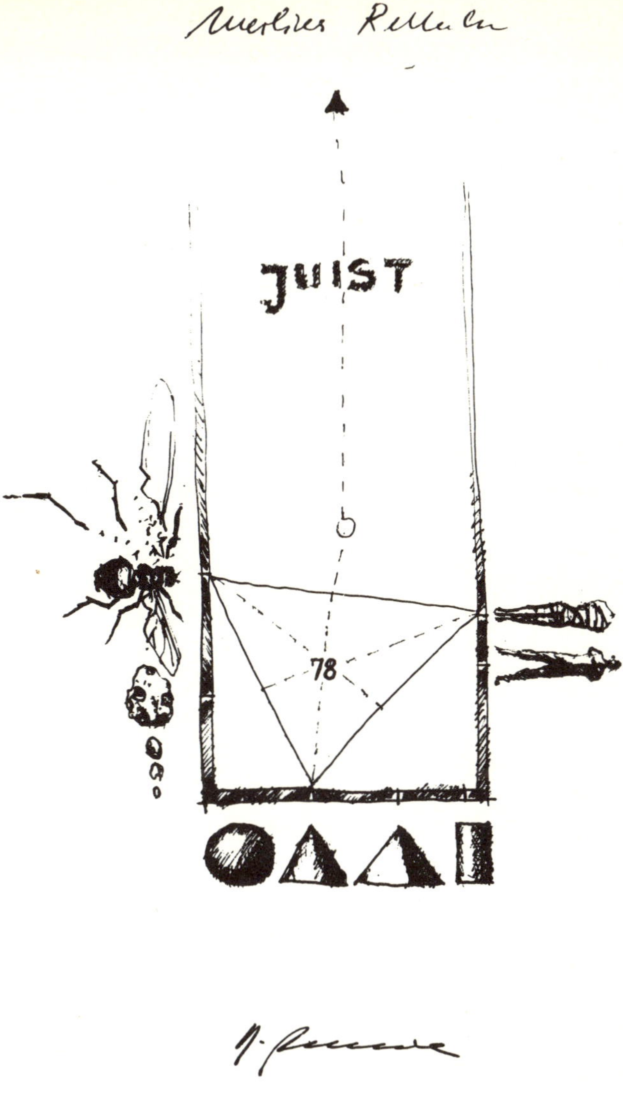

Horst Rellecke
JUISTER THEORIE-VENTIL
Zeichnung

Helmut Heißenbüttel

Juistgelegenheitsgedicht

Ludwig Greve in Freundschaft zugeeignet

1

Seewind bei Nacht und was er erzählt Beuteln der Fenster
die Brandung redet fern und vor sich hin
Böen Gewitterwind Gewitter früh vom Festland her
der Ebbdrift nach wattabwärts abgetrieben weit aufs hohe
 Meer
der Regen klatscht stockt klatscht holt Luft klatscht weiter
im halben Schlaf ein halber Traum Halbschlafbegleiter
Traummischung aus was einst und ganz bevorgestanden
nun unabänderlich vorbei und mir abhanden
wie quergestreift die Wand der See vom Dünenrand gesehn
die wahre Flachheit undurchdringlich niemals zu verstehn
seewindgespreizte Dünensandhand greifend ins Gesicht
während ein Strahl die Wolkenwand durchbricht
der Möwen schräger Fall wie eines Flüchtgen Umriß
 stürzend
Figuren wie auf Stelzen perspektivisch sich verkürzend
nun stockt der Schritt zielunbewußt
hinstürzt im Möwensturz das Anschaubare ein in meiner
 Brust
stehe ich unfähig zu fallen
ein ausgehändigt Ausgehängter zwischen Zeh und Ballen
Ausrufungszeichen meiner selbst mich nicht und nichts
 bewegend
Sinnbild dieser allzu allegorischen Gegend
und wenn der Sonnenball tropfend verglüht

beleckt das Meer mit flacher Zunge schnalzend mein Gemüt
Seewind bei Nacht Beuteln der Fenster
die Brandung redet fern und vor sich hin
Böen Gewitterwind Gewitter früh vom Festland her
der Ebbdrift nach wattabwärts abgetrieben weit aufs Meer
Bernie im Seebad von Wilhelm Scharrelmann
Ausflug mit Ida nach Norderney als Ruth unterwegs war
Ausflüge September vierundsiebzig nach Langeoog und Borkum
aus den Regenwolken vor der Bill taucht lautlos der Schatten eines Segelflugzeugs auf
Bill Loog Kalfamer
tief eingegrabene Spur wie lange das her ist
voll von salzigem von Geruch nach Meer und nicht mehr ist
in den fahlgrün aufgeplusterten Sanddornsträuchern verschreit ein Fasan mit blecherner Stimme eine Dünenkatze

2

ein ganz gewöhnlicher Urlaub am Meer
Wolkendecke geschlossen fast kein Wind
sanftes Grau von quer ausgelaufenen Blautönen sanft modelliert
Strandkorbvermieter Buß weiße Schirmmütze schräg im Nacken ist nach Haus gegangen
ein einzelner älterer Mann auf einem Bein Bildzeitung lesend ein deutsches Standbild
die Flagge des Strandlokals Sturmklause schüttelt ihr eines spitzes Ende
Lolita in Grün auf dem Bock einer Pferdekutsche
unter weiß gesprenkelten Brombeerbüschen liegt Ödipus in Decken gewickelt bei seiner Mutter Jokaste
einsam am offenen Meer steht Sandor Ferenczi und beobachtet wie sein weißes Schwänzchen als Fisch in See sticht
ein Fremder namens August Strindberg sieht ihm zu

auf einer Bank an der Strandpromenade sagt eine Frau
misch frieret am Hingeren
aus dem Radio Musik die mir den Arsch aufbohrt
geringe Druckunterschiede Nebel in den Dünen ich hasse
Nebel
durch den Fensterausschnitt der meinen Blick begrenzt
rudern zwei Möwen
ganz unten eine backsteinrote Dachspitze mit Fernsehantenne
ein ganz gewöhnlicher Urlaub am Meer
Schaum grün abgetrocknet braune Rundmuster aufgetrockneter Quallen
Felder lustig rollender weißer Seeigelschalen
pathetisch aufgerissenen Flügels der Möwenrumpf
Ruderbänke salzgrau und stumpf
Superafvas Hernandez Zamorra Soedmilk houdbare volle
Melk lechere Pamplona
Brandspiritus Tyffes M Class Alcurina North Shields Box
Pool Nettezza portale Venezia
über den Dünen schaukelnd der Spötter und ohne Reue
zählt er mir Kuckuck rufend die Jahre auf die ich noch hab
oder nicht immer aufs neue

3

wie wohl die ziegelrote dieser Dorfstraßen übersonnte
Wirklichkeit ganz zu fassen
wie wohl norddeutsch und reserviert die Wirklichkeit von
Backstein roten Straßen
Tages und Jahres Zeiten Wind Wolken und Seegeruchs
Zeiten
aus der Vorerinnerung Spur jetzt wieder aufzubereiten
dem Feriengefühl ganz auswärts gekehrten und zugleich
ganz innen

wie dem Versprechen dem doch eingehaltenen Platz gewinnen
die Bedarfsplanung der Ferienortnutzung berechnet sich aus Nutzereinheiten Sozialgruppen und Motivationsfeldern mehr und mehr
Soziologie des Saisongeschäfts steife Brise Morgenstimmung leuchtend leer
sinnlichen Schmeckens Körper der gegen den Stillstand meines Subjektbezugs nach außen dringt
die Nachfrage nach Ferienplätzen ergibt sich aus der Erwartung die jeder für sich mitbringt
Soziologie den Rücken kehrend Ludwig Greve und ich auf dem Muschelfeld einst im Nordwestwind
Sozialismus diskutierend zu diskutieren fähig weil wir unter uns sind
dürftig Bedürftige deren Bedarf von wo und wozu Abkehr notwendig
unserer eigenen wie auch immer und was haben wir denn sonst Entfremdung geständig
was sich sozusagen von selbst unserm Gefühl unterlegt unterhält unterschiebt
weil in der Ermittlung von Nachfrage auch Aktivitäten berücksichtigt werden müssen die es gar nicht gibt
Zwergenwald Kiefernskelette Pappeln Stare Armleutegärten Kaffeeundkuchengeruch
Strandfeten unserer Kinder deutlich genug
über den Südhang der Dünen haben die Heckenrosen rosane Netze gezogen
und wieder ist spöttisch rufend der Einzelgänger darüber weg geflogen
nicht die Soziologie der Möwen von Mißgunst zusammengehaltener Unruheschaffer
sondern der Kuckucksruf ist dieser von mir ganz angefüllten Gegend Metapher

Ludwig Greve

Bei Ebbe I

Sand über Sand: die Körner, jedes ein Lichtkorn.
Unsere Füße glänzen,
wenn sie aufnimmt das leicht gehäufte Grab,
und sie entrinnen leichter, der Kraft enthoben.

Vorne, am feuchten Rand der Insel,
trägt uns der Rücken großen Fisches; die Wellen
drückten ihm Schuppen ein,
eh sie zart geschriebener Grenze
Abschied nahmen. Einige, halb gezähmt,
hüllen das Licht in Körper; ich sehe es atmen,
während langsam das Ufer
Strömung, Strömung mit glasiger Haut überzieht.

Nimm das Feste von uns,
Meer, beruhige diesen störrischen Willen.
Draußen dein Schwall, dein Sturz und wieder die Glätte
rollenden Augapfels: Erde, Sonne
auf deiner Iris – da, erschüttert vom Anfang,
trübt sich das Weiße, runzelt und bricht in Wellen.

Hier. Im Ruch gefangener Fische.
Auf dem Boden, tönend wie eine Brust.
Halme, vom Wind gestriegelt, blinken metallisch,
aber der Eintönige, Helle

facht kein Feuer mehr an. Die Haare streift dir
Dämmerung, weißer Flügel. Wir sind allein.
Um uns die Leere, Salzkorn an Salzkorn;
Leere. Erwartung –.

Bei Ebbe II

Wolken sah ich hell und verschwommen über den Städten
anders nicht als der Rauch oder dampfender Atem hängen,
selten die einzelne Wolke; sie schwanden mir, ehe sie
 schwanden.
Aber wo Licht im Fluge den fliegenden Strandhafer einholt,
daß seine Schneiden blinken, ja länger als Sommertage
segeln die Wolken über dem Meer in verschiedener Höhe
immer im selben Raum, der uns wie den Vögeln sich auftut.
Ja, so erschienen vielleicht den Alten die Götter, so mühelos
wechseln sie Farben, die Körper – ein schillerndes Tauben-
 gefieder,
bald von den Jägern zerfetzt, Gebirge, mit Wasserfarben
trübe getuscht, die ohne Gewalt im Westen sich bauschen,
bis sie an Rändern durchlässig blitzen, schwanger mit Sonne.

Nichts, kein Urteil ist endgültig; feuchter Boden empfängt uns
nachgiebig, fast wie ein Körper vom Druck der Sohlen
 erblassend;
immer ist Wasser uns auf den Fersen und löscht die Spuren
deiner und meiner Wärme; ich sehe es ohne Bedauern.
In der Stille, die Flügel mit trockenem Schlag unterbrechen,
legt sich die Unruhe; fremder Bewegung folgen wir barfuß,
wo sich mit Lefzen saugend Welle auf Welle am Ufer
festhielt, eh sie zerrann – so rinnen leichteren Sandes
flache Stufen, die Wind, so stöhnend er auch an dem Festen

zerrt, nicht einebnen kann. Ein Flackern treibt er vor sich her
über den Boden, als reibe der jagende Sand sich am feuchten,
bis die geliehene Weite Korn an Korn glitzert. Nicht lange,
schwimmt eine braune Wolke, die zusehends anwächst,
darüber
und, wo wir gingen, in weichen Mulden dämmert nun
Wasser.

Wieder neigt sich vornüber das Schwarzgefleckte, das lautlos
stürzt und sich aufrichtet, lautlos. Das niedere Watt
begrenzend,
scheint's ein Gebirge, von Schauern befallen; bald düstere
Schichten,
aufglänzend andere. Weiter. Im spröden Sand, wenn die
Kruste
einbricht, versinkt der Fuß. Die Grenze, als habe wer
taumelnd
eine Matrosenkiste verstreut; die Flaschen in Scherben,
Taue, Dosen, Bananen, öfters ein Gummihandschuh.
Sinkend in einem Schwung die glatteste Böschung dann,
endlich
Meer und Geruch des Meeres, die unaufhörliche Fläche –
Grau, aller Farben geheimes Grau in schwebender Wallung,
unsicherer Dauer, Meer, den Gedanken Wiege wie Schiffen.
Langsam, in schäumenden Stufen naht es, in flacher Strömung
ausatmend legt uns Neptun seine glatteste Welle zu Füßen.

Alfred Andersch

Plus

Zu »Kalfamer 17« von Gisela Andersch

Ich bin hinter ihr Geheimnis gekommen:
sie setzt Formen aus sich heraus.
  Wie eine Spinne spinnt sie ihren Faden.
Sie hat ein Sekret in sich, das an der Luft
zu Seide erhärtet.
  Ja, so muß es sein: sie besitzt einen
Vorrat von Formen, der zu Bildern wird,
wenn er ans Licht tritt.
  Was sie von Arachne unterscheidet, ist
nur, daß die Formen durch ein Filter gesiebt
werden – das Filter des Denkens.
  Aber dieses Denken ist rein
instrumental. Es richtet sich ausschließlich
auf den Vorgang der Bild-Gewinnung.
  Wie macht man aus einer ungeschiedenen
Flüssigkeit ein Netz, in dem sich Blicke fangen?
  Ihr Bewußtsein ist ein technisches.
  Eine Form-Rationale.
  Ihre Theorie ist eine Theorie der
bildnerischen Gestaltung. Sie weist nicht
über sich selbst hinaus.
  Denn sie besitzt nur das: einen Vorrat
von Formen.
  Sekret – Geheimnis.
  Und sie besitzt nur *diese* Formen.

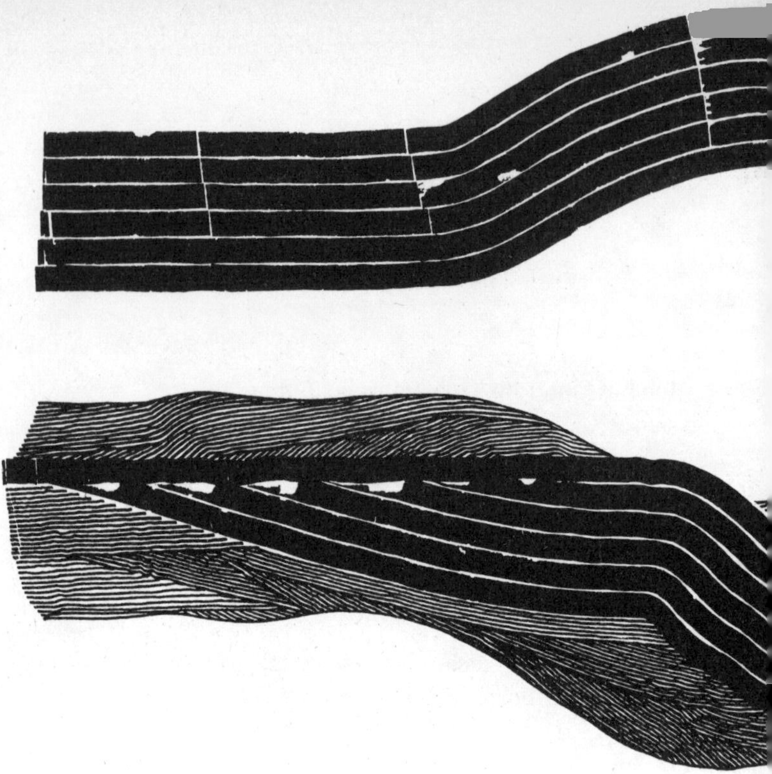

Gisela Andersch
KALFAMER 17
Tuschzeichnung

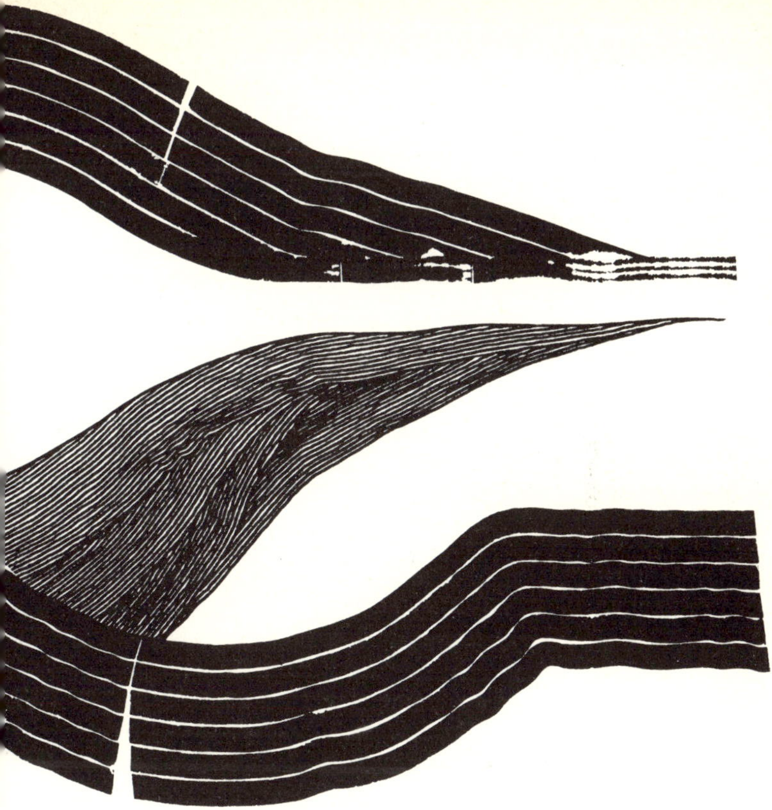

Ein anderer Künstler besitzt andere. Deshalb kann sie nur *diese* Bilder machen. Nicht andere. Es hat überhaupt keinen Zweck, ihr vorzuschlagen, andere Bilder zu machen. Da stößt man auf Granit.

Wenn alle Künstler wüßten, daß sie nur ihre Bilder machen können, gäbe es keinen Neid, keine Eifersucht mehr unter ihnen.

Die Erklärung dafür, warum jemand ein Leben lang eine kohärente Bild-Welt erschafft, lautet: er hat eine nur ihm gehörende Welt von Formen in sich.

Über Begabung rede ich nicht. Begabung kann jeder haben, auch einer, der nicht diese Substanz der Form besitzt.

Ungeschiedene Form-Substanz ist ein Zwang zu Farbe, Linie, Licht, Dunkelheit, Transparenz, Dichte.

Ihr Zusammenhang mit dem Körper und dem Psychischen als einem Attribut des Körpers.

Durchaus ein Körper und eine Seele sind es, die dies beherbergen und in Bildern entlassen.

In absoluter Varietät, denn keine Bild-Welt ist wie eine andere. Das Wunder der Individualität.

Jetzt tritt etwas hinzu: das Äußere.

Das Sekret ist nicht allein auf der Welt. Die Welt ist eine Außenwelt, und sie existiert.

Subjekt – Objekt.

Sie setzt Formen aus sich heraus. Sie setzt sich Formen der Außenwelt aus.

Sie sieht andere Dinge als ich. Oder sie sieht die Dinge, die auch ich sehe, anders, als ich sie sehe.

Ihre Augen müssen anders beschaffen sein als die meinen.

Die Sensibilisierungen des Augen-Blicks.

Ihre Augen und ihre Form-Geheimnisse bilden eine Einheit.

Inneres – Äußeres.

Das Äußere besteht aus Gegenständen und Geist. Bäume und Maschinen, Menschen und Wörter bilden die Zeit, in der sie lebt. Die Verfassung der Zeit beeinflußt sie. Vielleicht ist ein Stil nichts weiter als die Bedingung, welche die Zeit dem Künstler stellt. Etwas der individuellen Form Auferlegtes.

Nicht die Kunst zeichnet die Zeit ab, sondern die Zeit zeichnet die Kunst.

Die Zeit verlangt der Kunst ein Zeichen ab. Sie weiß, daß nichts von ihr bleiben wird als dieses Zeichen.

Zeitlose Zeit-Zeichen.

Gunther Tietz

Aus meinem Inseltagebuch

Worauf habe ich mich eingelassen? Noch nie bin ich auf einer Insel gewesen; noch nie bin ich weggefahren, ohne zu wissen, was mich erwartet.

Immerhin ein richtiges Buch mitgenommen: Hermann Hesse. »Weich ist stärker als hart, Wasser stärker als Fels, Liebe stärker als Gewalt.« Schon an der Mole in Norddeich ein Gefühl von Endgültigkeit, Unwiderrufbarkeit. Angst. Wenn du einmal auf der Insel bist, kommst du so schnell nicht wieder fort.

Drei Wochen. Auf dem Schiff wehen meine Gedanken gegen den Wind – erfolglos, nicht hoffnungslos. Ich gewinne wieder Freude am Reisen, bin froh, doch weggefahren zu sein. Fernweh. Die von der Insel kommen: braungebrannte Strandburgenritter in der zweiten, nobel bronzierte Herrschaften in der ersten Wagenklasse.

Sonne und Meer. »Hier ist alles anders.« Abschalten von daheim, von der Alltäglichkeit geregelten Lebens, sich der Faszination der Gezeiten, dem Gegenwind und dem Geschrei der Möwen preisgeben.

Nach zwei Stunden Aufenthalt auf der Insel kleben Hände und Füße von Salz und Sand. Meerschaum. Brandung. Zwischen Düne und Deich; weder offenes noch Wattenmeer zu sehen, aber zu hören. Und zu erreichen, in zwei Minuten, bei Flut.

Nein, allein bin ich nicht! Es gefällt mir gut, nur daß ich niemanden hier kenne.

Keinen Freund, und so doch einsam. Touristen kommen hierher nur in Familien, Gruppen oder Grüppchen oder zu zweien. Die Freunde aus aller Welt in der Nachbarburg am Strand sind längst Bekannte.

Ich breite mein Handtuch zwischen den Burggräben aus; ich habe hier niemanden. Hinter jedem Lächeln, jedem Wort lauert Unbekanntes, steckt eine Rechnung, die mir nicht aufgeht. Die allen klar ist.

Sonntag, Sonnentag! Platzkonzert auf dem Kurplatz, Strandpromenade, Wellenbad und Sonnenbad; Erwärmung. Ich grüße alle Sonnenstrahlen, hoffe auf Menschen, die jetzt leicht sind wie ich: in Sand liegend, voller Licht.

Ein kleines Nachtleben. Es gibt eine Kneipe und eine Diskothek, deren Preise mich nicht vertreiben, aber die sind immer zum Ersticken voll. Einmal, in der Kneipe, kommt ein Kutscher zu uns an den Tisch: »Ich schlag auch gern 'mal zu!« Wir glauben es ihm, wir sind nur zu zweit, und er ist sehr stark. Alle Kutscher hier sind stark. Wir bekommen Angst. Und reden, reden, bis er nicht mehr brüllt, bis er uns zuhört, bis er selber wieder reden kann, stockend und unbeholfen, aber er redet. Dann lächelt er sogar, lädt uns zu einem Bier ein; als er endlich geht, atmen wir tief auf.

Und ich bin wieder froh, allein zu sein. Ich zu sein. »Im Grunde«, lese ich abends in den Gedichten Karl Krolows, »Im Grunde kommt alles / auf einen selbst an.«

Melancholischer Tag. Der Wind jagt Regen über die Insel. Ich kann nicht aus dem Haus, es ist kalt. Die Insel döst im Mittagsschlaf. Ich lese, schreibe lange Briefe – tue im Juli, was Rilke einem einsamen Herbst prophezeite. Und voller Unruhe, der nur auf dem Papier beizukommen ist.

Jedes Wort dreimal umdrehen, bevor ich es hinschreibe; mich verantwortlich erklären für jeden Buchstaben. Mich den Worten hingeben, ohne in Formulierungen zu ersticken.

»Wer hier geboren ist, der lebt mit dem Meer, wettstreitet mit ihm, aber er führt keinen Krieg gegen eine ihm tausendfach überlegene Macht.« Einer meiner Insel-Sätze.

Einer, der mir ähnlich ist: der Sohn, Zivildienstleistender auf dem hiesigen Flugplatz, er arbeitet viel, aber er lebt auch viel, lebt sehr bewußt. Oft redet er nicht mit mir, aber wenn er etwas sagt, meint er es auch so; er hat ein Gewissen, seit kurzem sogar ein staatlich geprüftes. Ich freue mich, wenn er kommt, spüre verwandte Reaktionen.

Der Wind durchdringt meinen ganzen Körper. Er bläst mich aus, reinigt mich, aber er läßt mich leer zurück, überläßt mich meinen Windstillen. Wenn der Wind am schärfsten um die Ecken weht, wenn kein Mensch, kein Tier sich draußen blicken läßt.

»Hier ist alles anders.« Zu beiden Seiten ein Meer und: Sand, Sand, Sand. Überall das Unerwartete, Zeitungen beim Fotografen, Papier beim Zigarrenhändler. Die Auffälligkeit, das Wichtigwerden des scheinbar Banalen durch die Absurdität der Veränderung.

Und immer wieder der Sohn, der mir so ähnlich ist. Ich sehe ihn kaum, fast immer ist er am Flughafen. Und doch ist er immer anwesend. Ich sitze bei Tisch auf seinem Platz, schlafe nachts in seinem Bett, benutze seine Fächer im Kleiderschrank, sein Bücherbord. Ich nehme von seinem Leben Besitz, so wie sein Leben von mir Besitz ergreift.

Genug ist nicht genug. Eine Insel; nach einer Woche glaube ich, mich hier auszukennen. Bis etwas Unberechenbares geschieht, bis ich von neuem anfangen kann, um mich zu schauen, abzutasten, zu lernen, zu begreifen.

Jan nicht vergessen, Jan! Noch nicht einmal sechzehn Jahre alt, aber er sagt: »Ich finde, du siehst jünger aus.« Jan ist Windsurfer, Jan ist Tennisspieler, Jan wohnt am Kurplatz, Jans Vater hat eine Firma, Jans Mutter ist jung und unverbraucht. Jan ist Jan.

Jazusagen, daß ich nicht zu meinem Vergnügen auf der Insel bin. Ich brauche Geld. Ich arbeite, wo ich wohne: beim Buchhändler. Eigentlich ein angenehmer Job, aber ein anstrengender auch. Die Seeluft noch dazu, die hungrig macht: ich bin den ganzen Tag auf den Beinen, esse doppelte Portionen, nehme zu.

Jan, der in den Laden kommt und Jules-Verne-Bücher kauft, nur Jules Verne. »Was soll ich hier schon machen; ist doch alles so langweilig!«

Der Dichter im eigenen Haus, dem ich meine mitgebrachten Manuskripte zeige, der sagt: »Das Inseltagebuch ist das Beste.« Obwohl er nicht weiß, wie es enden wird, obwohl er mit keinem Wort erwähnt wurde. Es spricht für ihn, für seine Aufrichtigkeit.

Jan, irgend etwas mit Jan unternehmen. Mittags steht er bei mir im Laden und erzählt. Daß er in drei Tagen schon wieder fort muß, daß er in Hamburg wohnt. Aber: er ist dorthin erst umgezogen, fühlt sich noch als Besucher und ist verwirrt; daß er jetzt nach Hamburg zurück fährt, nicht nach K., nicht nach Hause. Jahrelang dort gelebt haben, alles hinter sich zurücklassen, das ist schwer. Schwerer noch, wenn man sechzehn Jahre alt ist und kein dickes Fell hat.

Ich lese ihm Hermann Hesses Gedicht gegen die Gewöhnung: Stufen. Von der Gefahr der Vertrautheit, und: »Nur wer bereit zu Aufbruch ist und Reise / Mag lähmender Gewöhnung sich entraffen.«

Oder aber, daß morgens die Sonne wirklich scheint, daß Jan kommt, wir uns beim Fahrrad-Verleiher ein Tandem ausborgen, bis an das Ende der Insel fahren und, als das Rad im Sande steckenbleibt, einfach weiterrennen, bis wir nicht mehr können: bis da nur noch Meer ist, Wasser.

Jan mit seinen sechzehn Jahren und dem Kopf voller Phantasie, wie Jules Verne sie gebraucht haben wird, um seine Romane zu schreiben! Hinter jedem Busch lauern Strandräuber, die vorbeifahrenden Schiffe suchen nach uns, wir verbergen uns vor den Blicken des zum Landeanflug ansetzenden Piloten. Juist ist Guayana oder Cayenne, ist Schatzinsel und einsames Eiland, Wüste. Neben mir geht ein Robinson Crusoe; und ich? »Donnerstag!« – Ich kann es nicht verhindern.

Lange Briefe schreiben sich nicht von selbst. Jan! Was willst du wissen von mir? Was willst du überhaupt, daß ich dir schreiben soll? Und: Was wissen wir voneinander? Weiß ich etwas von dir? Wo soll ich da anfangen? Drei Tage auf einer Insel.

Es gibt auch das: mit Rädern ausgestattet und Menschen, die ich kenne, die mich verstehen; und hinausfahren an die Westspitze der Insel, zur Bill. Es ist mir egal, ob ich zehn- oder hundertmal im Sand steckenbleibe, ob das Wasser zu kalt zum Baden ist. Da wird nicht gefragt, ob es gesund und richtig sei, was wir tun.

Eine Insel ohne Autoverkehr. Der Feuerwehrwagen, eine Ambulanz, die Ärzte; alle anderen fahren mit dem Rad oder mit der Kutsche, oder sie benutzen die eigenen Füße, das verläßlichste Fortbewegungsmittel.

Die Straßenkehrer – der Pferde wegen sind es viele –, eine Gruppe für sich. Auch Intellektuelle sind darunter, Studenten. Vier, sechs oder mehr Wochen nehmen sie jeden Tag Schippe und Besen, spannen sich selbst vor den Karren. Ausgleich. Zwei Dutzend Pferdemist beseitigende Hans Sachs. Straßenkehrer und Poet dazu.

Nach drei Wochen schon tritt fast etwas wie Gewöhnung ein, Gewöhnung daran, sich mit dem Fahrrad fortzubewegen, über den Ladentisch, über den Deich zu blicken. Der Postbeamte – auch er ist nur im Sommer hier – verabschiedet mich, wie man einem alten Bekannten Lebewohl sagt.

Drei Wochen also, genug, um sich auszukennen, um die Geräusche in der Nachbarschaft unterscheiden zu können, ebenso wie Austernfischer und Strandläufer, wie Ebbe und Flut.

Morgens im Atelier-Café: Jan, lieber Jan. Mit dir hätte ich hierher gehen sollen. Dieser spätbourgeois-legere Glanz hätte dir sicher gefallen. Das wär' etwas geworden: wir zwei im Atelier!

Der Kaffee schwarz und stark.
Irgendwoher Musik, gerade
laut genug, um nicht anzustrengen.
Bequeme Möbel, gedämpfte Farben.
Bourgeois! Ja –
und ich fühl mich wohl.
»Hat es geschmeckt?« fragt der Ober und:
»Kommen Sie bald
wieder!«
Ja, wiederkommen, ins Café Atelier,
in die Wiege meiner Spießbürgerlichkeit, der
ach-so!-verhaßten. Was fühl ich mich
wohl . . . Eckplätze am
Fenster,
bequem genug, darin zu
sterben.

Urlaubsgefühle und Reisefieber: Morgen!

Sand auf den Zähnen. Ich lerne, was es heißen mag, wenn einer sagt, er sei zerknirscht.

Ade, kleine Insel: frag nicht, ob ich zurückkomme. »Zum Briefeschreiben«, sagt die Buchhändlerin, »komme ich nicht. Lassen Sie von sich hören.« Eulen, überall Eulen.

Um 6 Uhr 45 fährt mein Zug vom kleinen Bahnhof zur Anlegestelle, eine halbe Stunde später legt das Schiff ab. Morgens sind die Tage noch schön. Leben und sich freuen, obwohl ich weiß, daß es später am Tage regnen wird, viel regnen. Kleine Insel – grüne Insel. Welchen Eindruck werde ich hinterlassen, oder werden sie mich vergessen, der Buchhändler und seine Familie, die paar bekannten Gesichter?

Wird die Insel mich restlos hergeben, so wie sie mich restlos vereinnahmte, schluckte?

Vielleicht hat es nur an mir gelegen, daß ich den möglichen Zauber einer Inselwelt kaum spürte. Ich ließ mir die Insel einsam werden. Gegen meinen Willen.

Danke, Einsamkeit: Du hast mich gelehrt zu überlegen, hast mir gezeigt, was das heißt, auf sich selbst gestellt sein. Du hast das Morgenrot blasser gemacht, doch so ist es wahrer. Ich habe eingesehen, wie wichtig ich mir bin.

Ich weiß selbst noch nicht, ob ich das glauben soll! Drei Wochen auf Juist gelebt, wie ich, in die Buchhandlung gekommen, »Hallo!« gesagt, wieder fortgegangen: um dann, auf dem Schiff, mich anzusprechen. Warum –

Julia, dreieinhalb Jahre jünger als ich; aber das merkt man ihr nicht an. Sie sieht mich auf der Treppe sitzen, erkennt mich, dann stehen wir beieinander an Deck, sie drängt: »Deine Adresse!« Es gibt genug zu sagen; unsere Erinnerungen an die letzten drei Wochen unterscheiden sich, aber es gibt auch Berührungspunkte: Café Atelier zum Beispiel, oder das Selbstbedienungsrestaurant an der Bill. Die Sonne scheint mit voller Kraft, als wollte sie uns glauben machen, Juist sei eine sonnige Insel gewesen. Die Fahrrinne verläuft über Kilometer parallel zur Insel, wir fahren Konturen ab, schauen uns um. Und reden, lachen.

Wind weht durch unsere Haare – woher? – wohin? Wir beschließen, ein kleines Stück der Reise gemeinsam zu gehen.

Der Bahnhof in Norddeich wird in meiner Erinnerung Julias strahlendes Gesicht tragen. Wolkenlos strahlender Himmel. Im Zug, zwei Stunden nur bis zur holländischen Grenze: dort muß ich umsteigen. Wir stehen im Gang des Zuges, reden uns an Windmühlen vorbei, Poldern und Teichen.

Helle Augen, blondes Haar und – so denke ich es mir – weiche Haut, die ich einmal anfassen möchte.

Der Zug fährt viel zu schnell. »Ich würde jetzt auch wegfahren wollen.« Komm mit, antworte ich; sie lacht. An meiner Umsteigestation ein flüchtiger, freundschaftlicher Kuß, der einzige in diesen Wochen: er muß herhalten dafür.

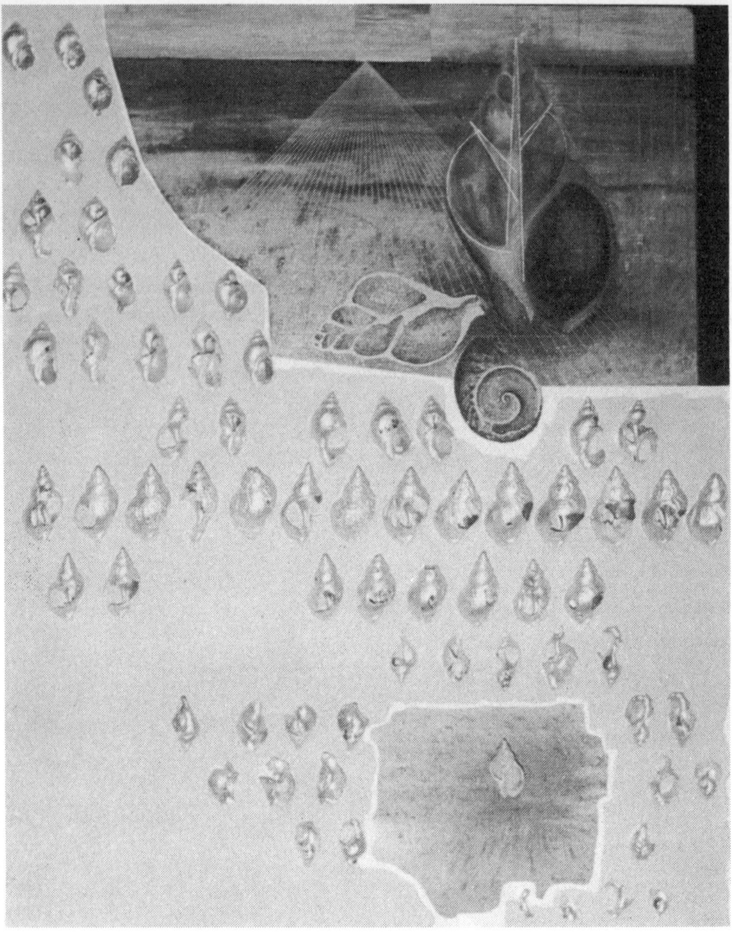

Gerhard Losemann
ANATOMIE EINER SCHNECKE
Lack- und Ölmalerei

Ludwig Verbeek

miesmuschelperlen

(au stern ästhe tik)

an ihrem hochmut
gehn sie all kaputt
nicht jedes drecksstück
macht am end perlmutt

die einsicht in
das zugeteilte los
als scheidewasser
diama(n)t graphit
als bleiglanz kohle
und granit

pechblende hier
trachytbiß dort
in mülheim ort
und im revier
pißpott und bier
rheingold an bord

wendehals wiedehopf
gugelhupf gildekropf
wenige kluge der zunft
wissen die unterkunft
unterm eis und

unter der treppe
oder im kalk
und unter der schleppe
im miesmuschelkleid im
austern-schutt

an ihrem kleinmut
gehn sie all kaputt
doch jedes dreck-stück

ballt um sich perlmutt

entstanden nach einem Muschelessen
auf Juist im Winter

Ludwig Verbeek

Wind vor der Hoftür

Als er begann innen blind zu werden, packte er seine Koffer und verließ, obwohl es Winter war, die südlichen Berge und fuhr gen Norden. Auf halbem Weg machte er halt und besuchte die Pressekonferenz eines erfolgreichen Kollegen, der von seinem jüngsten Werk – Utopian Setting 17 – öffentlich Abschied nahm. Gegen Abend erreichte er die Küste. Er übernachtete in einem Gasthof, den er schon kannte. Als er am nächsten Morgen die Klinge an sein von Seifenschaum lächerlich geweißtes Gesicht setzte, überkam ihn Ekel. Er wusch es und warf das Rasierzeug in den Abfalleimer.

Auf der Überfahrt zu der Insel, die ihm seit Kindertagen vertraut war, schrieb er Neujahrsgrüße. Die Umschläge freimachend, fiel ihm auf, daß er ausschließlich an Frauen geschrieben hatte. Dies lag wohl an der Beiläufigkeit solcher Art Mitteilsamkeit und nicht daran, daß er keine Freunde gehabt hätte. Ohne Absender schob er die Briefe in den Bordkasten; der Sonderstempel vom Schiff mochte seine kleine kindliche Wirkung tun.

Aus dem Bullauge blickend, sah er, wie der weiße Streifen der Kimm sich langsam auflöste: die Dünen, Kalfamer, Wilhelmshöhe, der Wasserturm und geschützt unten in einer Mulde im Ostdorf die Kirche. Sein Blick glitt ab, verlor sich auf dem Wasser. Unter dem monotonen Stampfen des Schiffs und seinen einlullend schwankenden Bewegungen vergaß er eine kleine Weile Zeit und Bewußtsein. Hatte da plötzlich den Ton der Orgel wieder im Ohr. Fühlte sich grimassieren, denn der Hall der Klänge war unangenehm und scheppernd. Beschwichtigend der hinter einem Pfeiler hervorgetretene Pastor: »Sie ist verstimmt, ich weiß, die Zarge ist verzogen, und nicht nur dies; der Wurm haust im Gebälk, aber das ist nicht alles, sehn Sie mal dort!« Die neugotische, nazarenisch anmutende Malerei auf den Paneelen des Orgelgestühls war dunkel verblaßt. Leidend, leicht gestikulierend und rheinisch singend sich artikulierend, wies der noch junge Geistliche, den es, wie er bald einflocht, wegen seines latenten Bronchialasthmas für unabsehbare Zeit auf die Insel verschlagen hatte, auf Risse und kleine Placken, wo die Farbe abgebröckelt war.

Er starrte aufs Auf und Ab der Wogen. Wieder zurück in den südlichen Bergen dann, hatte er der Malerin den Auftrag, die Fassade des Gestühls der Orgel, deren Klang nach besorgter Renovierung angenehm war, wieder in Ordnung zu bringen, fast beiläufig vermittelt, jener, die es ihm angetan hatte, die er kaum kannte. Sie waren sich zwar ein wenig näher gekommen, als er ein Madonnenbild bei ihr, die es restauriert hatte, abholte, um es seiner Tochter zur Matura zu schenken. Kaum erkannte er das auf einem Trödelmarkt erstandene Bild wieder. Sein Glanz entzückte ihn. Die Mutter Gottes, Königin des Kosmos, die Mondsichel unter ihren Füßen, haltend den Menschensohn strahlend, umgeben vom Sternenkranz der Ordnung. Aus der wechselseitigen Freude des Gelingens entstand ein heiteres Gespräch. Beim Abschied und schon in der Tür ihres Ateliers kam er auf die Inselorgel zu sprechen. Ihr lag jene Epoche der Malerei, neugierig machte sie der Ort, der Wind dort, das wilde Meer und Kunst wohl inmitten von Segelschiffen und Walfischknochen und fast baumloses sandiges Eiland in einem hohen, ihr gänzlich unbekannten Norden.

Inzwischen hatte die Fähre angelegt. Der steife Westwind ließ die Wellen an den Anlieger klatschen, eine steinerne

Plattform, Insel vor der Insel, und nun ward ihm plötzlich bewußt, wie sehr dies, was nun kam, ein Ritus war – ein ungeheuer herber Ritus, überwacht von den Kameras der Inselphotographen, die ihre Lehrlinge zu jeder Ankunft eines Schiffes vom Festland dorthin schickten – klick machte es kurz; »Hut-ab, Hut-ab!« und »ooh-wie-blaß« tönte es dem verwirrten Ankömmling entgegen; dann die Fahrt mit dem Dieselbähnchen übers offene überflutete Watt unterm grauverhangenen Himmel zum Inselbahnhof, von da mit der Pferdekutsche zum gastlichen Haus, wo nach altem Friesenbrauch der Tee schon dampfte.

Während die Kluntjes knisternd unter dem heißen Teestrahl zersprangen, überbrückte man die letzten Jahre in herb behutsamem Gespräch. Vorgefallen war manches; der Journalist und die Buchhändlerin, seine Gastgeber, fragten schonend danach, und der Kunsterzieher antwortete bedeutsam, fragte seinerseits viel.

Wie schon so oft wohnte er im Eulenhof unterm Dach mit Blick aufs Watt, das er schätzte in seinen Verwandlungen und dem er doch das Meer mit seiner Brandung vorzog.

Als er am nächsten Morgen an einer auf kurzem Rasen deplazierten Boje gewaltigen Ausmaßes und einem vom Rost bizarr zerfressenen ebenso riesigen Anker vorbeischreitend hinterm Dünental in Erwartung eines späten, kräftigen Frühstücks den Grund der Domäne betrat, war er nicht nur durch seine inneren Bilder, den Projektionen eines seit Monaten Einsamen, ganz in sich gekehrt; gleichzeitiges gedankliches Zersetzen, Überprüfen und Einordnen, Wieder-in-Frage-Stellen und dies dann noch Analysieren hatten ihn des Schutzmantels vertrauender Unwissenheit beraubt, ihn so schrecklich ins Private gedrängt, daß der Hofhund, vom Geruch seiner Nacktheit und unmenschlichen Wehrlosigkeit verunsichert, ihn anbellte, auf ihn zusprang und ihn wohl angefallen und vielleicht auch gebissen hätte, wäre nicht der Wirt hinzugekommen, den Gast vom Eulenhof wortkarg zu begrüßen.

Am dritten Tag rief sie an. Sie komme. Aber er solle ihr Kommen nicht falsch auslegen, sie komme gern, aber sie komme, um zu arbeiten, zwar gern auch, weil er dort sei. Lächerlich fand er sich, daß er die Tage bis dahin zählte.

Während er ihr in der Kutsche gegenübersaß, stellte sich der Bärtige vor, wie sie morgen ihre pralle Hebammentasche unterm Chorgebälk öffnen würde, mit einem metallenen Klicken würden die Schließen aufschnappen, und in zwei Hälften fiele, den Inhalt klaffend freigebend, leise knarrend und sich knautschend, das schwarze Leder in sich zusammen. Ihre weißen Hände entnähmen nun Kästchen, Schachteln, Dosen, Tuben, Fläschchen und Futterale. Unter dem Schein der auf einem Klapptisch gelenkig angebrachten Jupiterlampe würde sie sich die Dinge mit tausendfach eingeübten Griffen zurechtlegen, die Kästchen und Futterale öffnen und ihnen Lappen, Bürstchen, Pinsel, Messerchen und Skalpelle entnehmen, sie einzeln gegen das Licht halten, um ihre Tauglichkeit zu prüfen. Er stünde verschämt schräg hinter ihrem Rücken in Schwarz und könnte nicht der Versuchung widerstehen, sie unter ihrem glatten, streng in der Mitte gescheitelten hochgesteckten Haar in den elfenbeinernen Nacken zu beißen.

In der Dämmerung gingen sie hintereinander den schmalen Pfad zwischen Nordstrand und Hammersee, beide wehmütig verzaubert von der kargen, konturenreichen Landschaft und ihren im Winterzwielicht weichen Lila- und Malventönen, durchbrochen von Seesand und Schneeflekken weiß; mit Resten von Strandhafergrün und den tiefbraunen Fruchtkolben des Riedgrases wärmer gepunktelt; Zirruswolken noch rotgülden beschienen, scharf abgesetzt vom eisblauen Himmel überm schon schemenhaften Dünengebirge. Seltsame Täuschung –: die Sandhügel mit ihren Schneeresten als hohe Berge mit Gletschern und Firn. Und da auch die Erlen, Espen, Weiden, Kiefern und die Hagebutten- und Schlehenbüsche im Tal kaum ihre Köpfe überragten, weil das der fast ständig wehende rauhe Wind nicht zuließ, konnten sie Riesen sein in einer menschenleeren Landschaft. Fast anheimelnd wurde sie an die ihr so vertrauten Alpen erinnert, fand sich wieder hinterm Steinernen Meer im Toten Gebirge, dann in einer verlassenen Sennerhütte im Salzkammergut, und sie gab sich dem Gefühl hin, daß der, dessen gleichmäßiges, nur dann und wann vom Streifen des Körpers an Sanddornzweige begleitetes Stapfen im feuchten schneevermengten Weggrund in ihr Ohr drang, nicht der schwarzbärtige, bedrohlich ausschauende Erzieher sei, sondern ihr Freund, der sich brutal nahm, was er brauchte. Denn gejagt, überfallen und genommen wollte sie sein, aber nicht von dem da jetzt, der sie sehr begehren mußte; dies blöde Feixen und Starren vorhin, immer wenn er einmal nicht gerade redete, hatte ihn verraten. Sie wußte genug. Aber sie ahnte nicht einmal, wie sich ihr Leib bereits darauf einstellte, bald genommen zu werden. Und sobald sie den engen Pfad mit dem breiten Ebbestrand vertauscht hatten, begann er zu sprechen von Einsamkeit, und sie erzählte schnell vom Leben in den Bergen: von einem Mann, der an der Stelle, wo vor Jahrzehnten seine Braut abgestürzt und gestorben war, seine Einsiedelei bezogen habe, um jeden Wanderer dort zu warnen und ihm beizustehen, sollte ihm dennoch etwas geschehen. Unwetter, Lawinen und Felsstürze fühlte dieser seltsame Heilige voraus, gehörte er doch wieder der Natur und nicht den Menschen mit ihrem Blendwerk, obwohl er ihnen diente, wie niemand sonst es konnte. Sie zu fragen, ob auch sie schon einmal zu ihm gepilgert sei und seinen Rat erbeten habe, war der Bärtige zu scheu. Er erzählte ihr, wie er vor vielen Jahren in schwankem Schlauchboot – japanisches Fabrikat, es hatte nicht einmal hundert Mark gekostet – die spätere Mutter seiner Kinder und den damals noch arg verkannten Maler und Schützer der Insel von der Vogelsandbank bei steigender Flut durch den plätschernden Priel naß, aber wohlbehalten hinübergesetzt hatte. So wanderten sie bei Ebbe, während es dunkelte, einige Stunden über den festen Sand. Ihre

Unterhaltung wurde zwischendurch von den Scheinwerfern eines Gabelstaplers gestört, der sie, vom Dorf in Richtung Bill fahrend, lange Zeit empfindlich blendete; unwirklich leer und kulissenhaft, wie die Gegend ohnehin war, hielten die junge Frau und der ältere Mann das auf sie zufahrende Gestell beinahe für ein herrliches riesiges Insekt, das sie gleich aufspießen und verzehren würde. Mit Krach und Gestank rasselte das Gefährt wenige Meter an ihnen vorbei.

Als sie sich spät am Abend eine gute Nacht wünschten, drückte der auf seinem Dachzimmer mit Büchern wohlversorgte Mann der Frau die »Unendliche Geschichte« in die Hand; selten hatte er mit solch warmen Worten ein Buch empfehlen dürfen. So verabschiedete er sich vor ihrer Hoftür und entließ sie in den zu dieser Zeit leeren separaten Gästeteil des Gebäudes, schlenderte über den Fliesenweg zurück zum alten Wohnhaus, ging durch den Flur vorbei an Eulenstatuetten und Eulenbildern und stieg die Treppe hoch zu seinem Wattblickzimmer. Nackt vor dem Spiegel begann er mit der Nachttoilette, wobei er wohlgefällig seinen noch kurzen dichten Bart betrachtete. Er zählte gerade die grauen Haare in all dieser Pracht, als es an seiner Tür klopfte. »Du mußt entschuldigen, aber da ist jemand und schleicht vor meinem Fenster umher.«

»Das kann nicht sein«, und, indem er den Gürtel des Bademantels fest zuzog, »wo soll einer schon herkommen auf der Insel?«

Beide lauschten. Er bat sie nicht herein. Sie hatte ihre Worte zwar unruhig, aber höflich und südlich wohlklingend gesetzt, doch in ihrem Blick war etwas Irres und tierhafte Furcht. Er wurde verwirrt. Im Haus war es still, die Gastgeber waren auf einer Feier im Dorf, fremde Arbeiter gab's nicht zu dieser Jahreszeit, nur wehte wie immer der Wind.

»Du, ich hab mich nicht geirrt. Es war jemand am Fenster, dann an der Tür, deutlich habe ich Schritte gehört. Ich fürcht mich.«

Er begleitete sie zu ihrer Hoftür und zeigte, was der Wind

alles bewegte, wies auf die Geräusche hin, worunter auch gleichmäßiges Klappern loser Bretter, das Flattern über Klinker oder Ziegel gelegter Kunststoffplane von ferne an menschliche Schritte erinnerten.

»Es ist wirklich niemand hier. Es ist nur der Wind. Beruhige dich und lies etwas. Ich komme gleich noch mal zu dir und schaue nach, wie es dir geht.«

Er trat in ihr Zimmer, prüfte, ob die Fenster dicht schlössen, und zog die Vorhänge wieder zu. Sie schwieg. Ihr schwarzer Umhang saß schief und gab ihre linke Schulter frei. Wie auf ein Stichwort hin schritt er auf sie zu, nahm sie in beide Arme, drückte sie an seine behaarte Brust und hörte sich zu alledem auch noch flüstern: »Ich will dich packen, walken und beißen.«

Statt dessen küßte er sie väterlich auf die Stirn und ließ von ihr ab.

»Vielleicht will ich's«, hatte er sehr wohl verstanden, aber seinen Ohren nicht getraut.

»Du«, meinte er sachlich, »deine Zimmertür läßt sich doch abschließen, nicht?«

»Ja. Schon.«

»Und die Haustür auch, nicht wahr?«

»Na ja!«

»Ich schelle dann nachher fünfmal ganz kurz.«

»Schon gut.«

Nachdem er in Pantoffeln um den Hof geschlurft war, stieg er zurück in die Dachkammer und setzte seine Nachttoilette fort, indem er sich die Nägel reinigte und feilte und die Zähne besonders gründlich putzte. Dann trank er nach und nach eine halbe Flasche Rotwein, hörte Tschaikowskys Violinkonzert und las wenig konzentriert in einem dicken Roman einer Autorin des ausgehenden neunzehnten Jahrhunderts, dessen Held, ein schwärmerischer malender Junglehrer, mit viel Inbrunst seine Schülerin und spätere Braut endlich dazu brachte, auf der bloßen Haut lose wallende Gewänder und an den Füßen weite flache Schuhe zu tragen, wenn sie ihm Modell stand. Daran schien sie sich trotz des Einflusses besorgter strenger Tanten schließlich zu gewöhnen. Und die Dichterin lobte das junge unverkrüppelte Paar, das bald viele gesunde Kinderchen haben würde. Er klappte die Schwarte zu. Er war entschlossen. Noch ein Blick in den Spiegel, eine Haarsträhne verlegt, die Zähne gebleckt und ihr Weiß geprüft, und dann Retter, Beschützer, Gebieter – hinunter zu ihr!

Kaum hatte er fünfmal geklingelt, da hatte sie schon die Hoftür halbweit geöffnet; das dicke Buch, in dem sie einen Finger stecken ließ, in Abwehr und Schutz vor der Brust, sagte sie höflich, fast beiläufig, es sei alles in Ordnung, sie habe eifrig gelesen, doch nun sei sie müde und wolle bald schlafen. Ihm dankend und gute Nacht wünschend, schloß sie sacht, aber bestimmt die Tür.

»Ja«, sagte der Journalist zum Inselgast, nachdem die beiden einen spannenden Fernsehabend voll von Gier, Eifersucht und Leidenschaft auf dem Bildschirm hinter sich gebracht hatten, »ich verstehe gut, daß Sie glauben, eine Gelegenheit verpaßt zu haben; letztlich aber schätzt eine Frau im Manne den Gentleman, und stetes Werben trägt Früchte. Jeden Tag eine Aufmerksamkeit, vielleicht eine Skizze, ein Gedicht, eine Rose, führt schließlich zum Ziel.« Ein gutgemeinter Rat von Mann zu Mann, doch die wenigen gemeinsamen Tage mit ihr am Strand oder unter den Orgelpfeifen waren qualvoll genug. Sie blieb kalt, wenn er ihr den Nacken küßte, und ihr Skalpell befreite das alte Holz der Rahmen von rissigem Lack; und während sie unglaublich sanft den Pinsel führte und frisches Gold auf Heiligenscheine auftrug, durfte er sie still bewundernd betrachten.

»In der Nacht mit dem Wind, den Schritten vor deinem Fenster –«

»Ja –«

»Da hätte ich dich gerne gepackt und gebissen und –«

»Ach geh doch. Ich war übermüdet, und dann der plötzliche Klimawechsel. Aber seltsam war's schon.«

Noch vor Karneval fuhr sie ab.

Danach ertrug er den Wind nicht mehr, und das Eiland – sonst eine Fundgrube für seine Objektkunst – kam ihm bedrohlich vor. Und ehe der Inselkoller ihn packte, machte er sich auf zurück nach Süden. Auf dem Schiff traf er den Priester, heiter und rosig, Lachfältchen um die großen grünen Augen. »Hochwürden freut sich kindlich aufs Festland, den Wein und seine Mammi, die am Rhein auf ihn warten«, mutmaßte er bös. Und bitter war der Vorgeschmack auf seine Kurse an der Hochschule für verführte, verhätschelte Talentchen.

Trotzdem kamen sie ins Gespräch und tauschten ihre oberflächlicheren Sorgen, zu denen ein verstimmtes Instrument nun nicht mehr zählte, aus. Alte und Kranke würden oft aufs Festland verlegt, aber auch sie bedürften des gewohnten Trostes, vernahm der Lehrer, vergaß seine Gehässigkeit der Frohnatur gegenüber, unterbrach seine Fahrt nach Süden, und wenige Stunden später fand er sich neben dem Geistlichen am Bett eines Insulaners wieder. Gegerbtes, ihm flüchtig bekanntes Seemannsgesicht, die Spuren des Schnapses geglättet und verweht seine Vogelalertheit durch Psychopharmaka. »Ich habe Ihre Flaschenpost erhalten«, sagte der Priester. Der andere grinste matt, zeigte ein paar Zähne, zwischen denen noch Reste vom letzten Priem steckten.

Des Künstlers Material. Erwägungen dann, sein nächstes Kurs-Projekt in »Eros-Ionen« umzutaufen, auf daß die Täuschung in uns Ausdruck fände, wie das Tal des Trugs im Gesicht, das verwittert, bevor die Wahrheit Gräben zieht und Tränenspuren, dachte der Reisende mit dem Zorn des physisch Erholten, als er mit seinen Kisten voll Strandgut die Fahrt nach Süden fortsetzte.

Peter-Torsten Schulz

Alleine am Meer
Kleines Lied von einer alten Liebe

Du weißt,
ich war heute alleine am Meer.
Es war wie immer voll Wasser.
Der Himmel war wie immer voll Wolken,
und der Strand
war wie immer voll Sand.
Nur ich
war ziemlich leer.

In einem zugigen Strandcafé
schlürfte ich lustlos einen heißen Tee
und schrieb in meiner Not
mit Sirup
deinen Namen auf mein Brot.

Als ich damit fertig war,
habe ich ihn leise gelesen.
Da ist es wie immer gewesen.

Peter-Torsten Schulz
SONNENUNTERGANG
Zeichnung

Heide Probst

Die Kugel im Sand

Das gleichförmige Klopfen der Räder auf schlecht gefügten Betonplatten der Autobahn noch im Ohr, tat ihr die einsame Landstraße mit dem holprigen Pflaster und den gewundenen Ortsdurchfahrten wohl. Beim Verlassen der breiten Touristenspur hatte sie aufatmend das Fenster heruntergedreht und das Autoradio abgeschaltet. Nun stellte sie den Motor ab und ließ den Wagen lautlos rollen, bis er im hohen Gras neben der Fahrbahn zum Stehen kam. Einen zeitlosen Augenblick saß sie mit zurückgelehntem Kopf und geschlossenen Lidern reglos.

Lange hatte sie diesen Moment herbeigesehnt. Schon früher war es ihr hier so ergangen, als fiele alles Beengende und Bedrückende von ihr ab, hier, wo das Salz auf den Lippen spürbar wird und der Geruch des nahen Meeres, wo die Weite des Blickes zwischen Möwenflug und Wellenspiel nur noch durch den Deich begrenzt ist. Jetzt empfand sie diesen Eindruck besonders stark, und aus der Schwere vergangener Wochen fühlte sie sich wie emporgehoben.

Unvermittelt setzte die junge Frau sich aufrecht und ließ entschlossen den Motor wieder an. Ihr Weg zur Insel begann. Das Getriebe an der Mole störte sie dieses Mal nicht, und beim Ablegen folgte sie einer ausgelassen tollenden Kinderschar auf das offene Oberdeck. Sie schaute den gierig kreischenden Möwen zu und ihren Flugkünsten über den aufgewirbelten Heckwellen. Eine Tonne markierte die

Ausfahrt, und der Weg durch das Watt begann, durch diese Welt zwischen Welten. Das Festland wich zurück hinter dem weiter werdenden Horizont, und die junge Frau richtete ihren Blick auf den schmalen Streifen der Insel. Schon sah man den fernen Anleger und die wartende Inselbahn, ahnte das Begrüßungsgewirr am kleinen Bahnhof. Aufgeregte Finger deuteten auf Dünen und Häuser, und die junge Frau freute sich auf den Anblick der vertrauten roten Straßen, mit Rädern und Pferdekutschen, mit gegen den Wind gebeugten Gestalten unter blauen Schiffermützen.

Am nächsten Morgen erwachte sie früh. Bei weit geöffnetem Fenster hatte das Geschrei der Möwen sie geweckt, und es dauerte einige Zeit, bis sie sich zurechtfand, bis sie Traum und Wirklichkeit zu trennen vermochte. Eben war da noch die Kugel gewesen und darin eingeschlossen das Gesicht, dann hatten kreischende Möwen am Glas gehackt, bis es laut klirrend in bizarren Rissen zersprang, zwischen die spitze Schnäbel pickten. Nun sah sie, über das Watt blikkend, einen Möwenschwarm aufgeregt zwischen den Netzen eines Krabbenkutters schnappen und feilschen.

Leise schlich sie sich davon, um den Strand zu erreichen, bevor das übliche Saisongetümmel lärmend von ihm Besitz ergreifen würde. Das Grau des Morgens lag noch über dem schlafenden Inseldorf, Böen griffen ihr Haar, und ihre Füße spürten die Kühle des Sandes. Mit weit ausgreifenden Schritten lief sie am Spülsaum entlang, aber ihre Augen sahen nicht, was das Meer an den Strand getragen hatte. Wieder war da die Kugel mit dem Gesicht hinter der Wölbung des Glases. Zwischen Muscheln, Tang und Krebsscheren lag sie, in den flachen Wellen wiegte sie sich auf und ab, halb im Sand verborgen schien sie einer Flaschenpost gleich einen Finder zu erwarten. Überall sah die junge Frau die Kugel, und sie begann zu laufen, zögernd erst, fast stolpernd, dann immer schneller.

Sie wußte nicht, wie lange sie so gerannt war, wie oft sie sich umgeschaut hatte, bis sie bemerkte, daß ihre Spur vom

Wasser fort zu den nahen Randdünen führte. Der lockere Sand verlangsamte die Schritte, und sie empfand wohltuende Geborgenheit, als sie sich erschöpft in die Wärme der geschützten Mulde schmiegte.

Sie nahm nicht wahr, wie der Strand sich füllte, hörte nicht das Gelärme unzähliger Feriengäste, bemerkte nicht den Lauf der Sonnenkugel, bis die Mittagshitze sie aus traumlosem Schlaf weckte. Und erstaunt sah sie das veränderte Bild. Flimmernder Dunst verschleierte Farben und Konturen, kleine Schaumzungen leckten in trägem Spiel Wellenfiguren in den Sand, langsam segelnde Möwen malten Flügelmuster zwischen Himmel und Meer.

Mit weit geöffneten Augen lag die junge Frau im warmen Sand. Über leise raunendem und sich neigendem Strandhafer sah sie Wolkengebilde sich formen und wandeln. Ein Lächeln zauberte kleine Fältchen um die geröteten Augen, als sie so auf dem Rücken liegend wieder begann, Figuren und Zeichen aus dem Himmel zu lesen. Als Kind schon hatte sie dieses Spiel geliebt, damals, als sie auch noch geglaubt hatte, daß ein Springen und Hüpfen über Plattenwege nach bestimmten Regeln das Tor öffnen könne zur Erfüllung geheimster Wünsche. Sie mußte an die Verzauberung denken, die sie damals oft erfaßt hatte, und spürte fast den aufgeregten Herzschlag wieder beim Betrachten der Wolkentiere, Gesichter und Figuren. Doch entschlossen setzte sie sich auf und schüttelte heftig den Kopf, wie um mit dem Sand aus den Haaren auch die Gedanken und Erinnerungen fortzuschütteln. Sie wollte nicht denken und nicht deuten; die Zeichen stimmten nicht mehr.

Dann sah sie plötzlich das Kind. Es hüpfte über den Sand, ängstlich bemüht, nur nicht in Fußstapfen zu treten, die wie rätselhafte Runen den ganzen Strand bedeckten. Versunken in die Ernsthaftigkeit seines Tuns blieb es verlegen und unsicher auf einem Bein balancierend vor der fremden Frau stehen.

Nach einem scheuen Blick erklärte es hastig: »Das mache

ich immer, dabei kann ich mir was wünschen.« Dazu nickte es ernst, als müsse dies jeder verstehen. »Das ist so.« Und schon etwas zutraulicher: »Bei uns auf dem Plattenweg am Haus geht das auch. Ich muß nur immer auf die weißen Felder springen.« Nach einem erneuten Blick fügte es mit bekräftigender Stimme hinzu: »Und manchmal geht dann auch was in Erfüllung, wenn ich es mir ganz fest wünsche.« Die letzten Worte waren begleitet von so heftigem Nicken, daß das mühsame Gleichgewicht bedrohlich ins Wanken geriet.

Eine seltsame Wandlung hatte sich auf dem Gesicht der jungen Frau abgezeichnet. Beim Anblick des Kindes war ihr Lächeln wie hinter einem Zaun verborgen. Aber während der eilig scheuen Worte mit den fragenden Unterbrechungen hatte eine allmähliche Öffnung begonnen; und nun hätte sie fast laut herausgelacht beim Anblick des angestrengten Balancierens, wäre die Sache nicht zu ernst gewesen. Sie wandte ihren Blick dem Kindergesicht zu: »Und was hast du dir heute gewünscht?«

Schon im Weiterhüpfen blickte sich das Kind erstaunt um, als sei es nicht gewohnt, daß seinen Erklärungen Beachtung geschenkt würde. Dann sprudelte es hervor: »Das ist doch klar: etwas Schönes von der Insel, das ich mit nach Hause nehmen kann. Ich gucke es dann immer wieder an, zeige es anderen und erzähle vom Meer. Und dann ist es so, als ob ich noch immer hier wäre.«

Es bemerkte in seinem Eifer nicht das leichte Zusammenschrecken der Frau, denn während seiner atemlos hervorgebrachten Worte suchte es vorsichtig einen Platz für den zweiten Fuß und stieß dabei an die Kugel im Sand.

»Siehst du!« rief es mit leuchtenden Augen. »Schon ist mein Wunsch in Erfüllung gegangen!« Und nicht mehr auf die Fußstapfen achtend, kniete es nieder und hielt die mattgrüne Kugel gegen das Sonnenlicht, so daß die Strahlen geheimnisvoll durch das Glas gefiltert wurden. »Ist die nicht schön? Bestimmt ist sie verwunschen, und jemand hat eine

Geschichte in sie hineingezaubert.« Behutsam wischte es Sandkörner von der Wölbung des Glases und nahm in seiner Versunkenheit nicht das brennende Augenpaar wahr, das jede Bewegung verfolgte.

Erschrocken fuhren die Frau und das Kind zusammen, als plötzlich eine Stimme ganz nah sagte: »Hier steckst du also, du Ausreißer. Was hast du denn nun wieder aufgelesen?«

»Es ist eine verwunschene Kugel! Bitte! Darf ich sie behalten?«

»Ach was, du kleiner Träumer. Eine ganz einfache Glaskugel ist es, wie die Fischer sie als Schwimmer an ihren Netzen befestigen. Und nun komm endlich, es wird spät.«

Ein Blick, wie Erwachsene ihn tauschen, wenn sie dumme Kindereien belächeln, suchte vergeblich die Augen der unbekannten Frau. Das Kind faßte seinen Schatz nur noch fester, und es nickte der jungen Frau ein wenig trotzig, aber auch wie einer geheimen Verschworenen zu. Dann wurde es am Arm gepackt und fortgezogen. Während die Mutter lautstark redend an dem unwilligen Kind zerrte, blickte sich der Vater mehrfach zweifelnd um zu der fremden Frau, die sich noch nicht von ihrem Platz gerührt hatte.

Mit einemmal riß sich das Kind in einem plötzlichen Entschluß los und kam zurückgelaufen. »Hier, ich schenk dir die Kugel. Ich darf sie doch nicht behalten, weil die anderen mir nicht glauben wollen, daß eine Geschichte drin ist. Aber du – du glaubst es doch?«

Und schon war es wieder davon, ehe die Frau antworten konnte.

Heide Probst

Hier am Meer

Hier,
wo am Fuße des Himmels
Wasserzeichen an die Traumwand des Herzens
schlagen –

hier,
wo das Tor sich öffnet
und Schaumgitter aus Möwenflug dich streifen –

hier,
wo zwischen Sand und Strandlicht
die Seelenamme Meer dich nährt –

hier,
wo am Floß der Nacht
Fontänen sprühen von innerer Lust –

hier,
wo Brandung und Sterne
Hoffnungskörbe füllen mit reichen Früchten –

hier,
wo dein Blick mich traf
im Tierkreistanz auf gelbem Sand –

hier,
wo die Tiefen schwingen
schenke ich dir meinen Atem.

Michael Starcke

am strand von juist

das festland verdammt,
stehend auf nassem sand
kein gedanke an
windige börsenberichte.

am strand von juist
nichts unterschrieben,
meinen geist aufgegeben,
einer möwe angenähert.

davongeflogen, barfuß
meine füße formiert,
gespürt den schmerz
meines gepökelten fleisches.

unsterblich das stolpern
der ostfriesischen sprache,
am strand von juist
zum stelldichein, marsch.

mit gezückter kamera
das meer eingefangen,
den sonnenball, verflixte möwen,
wie sie segeln davon.

davongeflogen, im wind
einen satz formuliert,
eine strömung entdeckt,
das salz geschmeckt
angelsächsischer laute.

Michael Starcke

strandwanderung

die gebirge sind
abgetragen. was
sich hier türmt,
ist sand auf
der wanderschaft.

in gelben jacken
wandern wir
wie nomaden,
begleitet von
möwen, am meer.

welchen handel
wir treiben,
woher wir kommen,
wer wir sind; wir
verstehen unser
eigenes wort
nicht gegen
den wind.

mit leeren händen
wandern wir;
über uns
schwebt

der himmel zum
greifen nah, ein
grau in grau gehaltener
fliegender teppich.

die insel, auf der wir
vom festland ausruhen,
hält die zeit nicht
auf, kennt keine rast.

nur wer mit geschlossenen
augen seinen träumen folgt,
wird unversöhnt aus ihnen
erwachen und bestreiten,
daß es wunder gibt.

scheu wie im gebirge
sind die hasen, wo
es abgetragen ist.

Inge Meidinger-Geise

Meine Zeitrechnung heißt Juist

Ich sollte wieder einmal die Insel aufsuchen. Aber vielleicht brauche ich zu diesem Entschluß noch etwas Zeit. Nicht etwa, weil ich diesen Erdflecken nicht mehr mag – im Gegenteil, ich habe so was wie Schwellenangst, wie Angst vor Rückfluten von sehr viel Gewesenem, sehr viel Entscheidendem und Geliebtem.

»Meine Zeitrechnung heißt ›vor oder nach Juist‹«, schrieb ich in einem autobiographischen Roman. »Dino versteht es seit längerem. Frau L. muß es am besten verstehen, denn sie war dabei und akzeptierte die dann zwischen uns aufkommende Formel: Da ging etwas zu Ende. Für jeden von uns, das gestanden wir uns, war der kurze Aufenthalt auf der schmalen Insel 1961 in anderer Weise ein Abschied . . . Wir fuhren bei einem so fürchterlichen Regenwetter ab, daß man jeden Mut verlieren konnte. Und wir wurden durch acht Tage voller praller, südlich anmutender Sonne belohnt. Vielleicht war es das Licht, diese überhelle Entrückung der kleinen Häuser, dieses absolute Blau des schaumgekrönten, wellenschreienden Meeres, vielleicht war es der leere Strand der Septembertage, jener Tage, von denen die Insulaner sagen, wenn die Gäste wegfahren, wird das Wetter noch mal schön. All dies mag wie eine Summe von unwirklichem Zeitstillstand in Wärme, Stille gewesen sein: Wir waren allem enthoben, lebten wahrhaftig auf einer Insel und mochten jeder auf seine Weise den eigenen Spuren bis hierher das Verblassen gönnen. Als ich zurückkam, schien mir alles härter und enger, schien mir meine Existenz, nahe an vierzig Jahren, plötzlich die Seite des Weges gewechselt zu haben. Niemals bisher hatte ich so stark das Gefühl von Unwiederbringlichem an Zeit, Gefühlen, Gedanken. Irgendwann in diesen gelben Sandtagen und blauen Meerstunden hatte ich meine Jugend abgelegt, ein Federgewand, leichte Hoffnungen und himmelstürmende Träume . . .«

Zu diesem Aufenthalt, der dann in Abständen andere Inselaufenthalte nach sich zog, weil mehr als nur Feriengefühle mich mit allem dort verbanden, hatte mich Hedwig Börger, die Gedichte schreibende Frau des Inselpfarrers, der 1962 bei der Sturmflut umkommen sollte, eingeladen. Ich nahm die Einladung an, weil ich bisher nur die Ostsee kannte, ebenso wie meine Bekannte, die mitfuhr. Und wir landeten auf einem anderen Stern: Schon der Fußweg vom Bahnhof ins Loog, endlos, umwindet, in den Abend hinein, denn wir kamen ja aus Erlangen, und das war tiefer Süden, verwandelte uns. Das Loog damals – eine Region für sich, leiser und urtümlicher als später und nahe dem Hammersee, der wie ein magisches Auge mit seinem grünharten Sträucherkranz anzog und mit seinen Vogellauten. Der Strand war fast leer. Wir sonnten uns und atmeten uns weg von allem Alltag. Abends dann die Gespräche im Hause Börger-Schmaltz: Manchmal kam Hedwigs Mann, Pfarrer Schmaltz, mit grüner Gärtnerschürze aus dem Dünengarten, das Haus lag dem Watt zugewandt und hatte etwas Verschwiegen-Gemütliches, obwohl es doch dauernd wehte und dünengrasraschelte und rauschte. Jeder Tag dehnte sich und verschloß uns muschelgleich vor dem, was uns wieder auf dem Festland überfallen wollte. Und doch, mich überfiel es schon auf Juist wie eine unerklärliche Ahnung, daß ich hier einer Revision meiner Jahre unterworfen wurde, daß ich begreifen lernte, wie sich mein Alter leise noch, aber unaufhaltsam heranschlich. Einmal war Seenebel, und ich saß am Strand und wagte keine Bewegung, ich meinte, in einer dunstigen Kapsel mir selber zu entfliehen. Einmal wanderten wir ganz um die Inselspitze von der Loog-Seite, und wir meinten, der brüllenden grauen See völlig ausgeliefert zu sein, obwohl doch die Dünen nahe waren und wir die schmale, aber tröstliche sanftere Wattseite bald dahinter wußten.

Ich wußte, ich würde wiederkommen. Es geschah ein paarmal, mit meinem Vater, mit meinem Mann. Mein Vater, in Zoppot großgeworden, brachte aus frühesten Morgenstunden und von einsamen Wegen im damals immer noch stillen und wenig von Gästen bevölkerten Loog die bizarrsten Muscheln mit. Mein Mann entdeckte den Inselmaler Alf Depser, ein Franke auf Juist. Ihn besuchten wir in seinem romantischen Loog-Häuschen inmitten seiner Bilder, und immer wieder fanden wir es kurios, einen mit allem Juister Zauber Verbundenen fränkisch reden zu hören! Hedwig Börgers Kaminfeuer machte die Abende warm, und manchmal gingen wir in der Dunkelheit bei Ebbe an den Strand, hatten einmal den herrlichen Schrecken, ein Elmsfeuer zu sehen.

In diesen mittsechziger Jahren spürten wir im Loog die Veränderung. »Man muß mit der Zeit gehn«, sagte unser Pensionswirt und verschönte, modernisierte sein Haus. Nicht nur dies geschah, es wurde die Dünenseite stark bebaut, es wurde ein anderes Loog, es glich sich dem Hauptstrand, seinen Häusern, seiner Betriebsamkeit einer wachsenden Ferienfülle an. Dennoch, man bekam nirgends Platzangst oder den Ärger, unter den Snobs des Nordens zu sein. Alles blieb inselgemäß, es gab keine Autos, aber ins Loog fuhr nun ein Pferdewagen, eine großartige Sache! Besonders bei Sturm oder peitschendem Regen schien einem das eine geradezu städtisch-zivile Errungenschaft.

Wir wollten die Insel wieder und wieder aufsuchen. Aber das berufliche Leben und Familienprobleme hinderten uns. Hedwig Börger verkaufte ihr Haus nach dem Tod des

Urban Thiersch
WIDDER IN EINEM JUISTER GARTEN
Aus Ziegelsteinen gemauert und geschliffen

Mannes und bereiste auf ihre Weise die Welt. Vor drei Jahren erhielt ich einen Gruß aus Afrika. Die See und ihre weiten Dimensionen scheinen solche Entschlüsse anzutreiben. Mein Vater starb, auch mein Mann lebt nicht mehr. Manchmal sage ich zu Frau L., wir sollten wieder mal nach Juist reisen! Irgendwann werden wir den Mut haben, die Schatten zu meistern, die uns da überfallen wollen. Der Glanz des ersten Aufenthaltes, Paradies und Vertreibung vorausgeahnt, er wird nicht mehr kommen, und die Toten werden mich wohl immer dort begleiten. Aber dieses schmale Eiland, einer Lanze gleich ins Blaue gestoßen, rückt die Maße zurecht, schon wenn ich daran denke: Der Mensch findet sich eingeordnet den Gezeiten, die über die Realität der »Tide« hinausweisen. Juist prunkt mit nichts als mit seiner kargen Bescheidung, sich als Ruhestrand anzubieten und, spröd erreichbar in der friesischen Inselkette, dafür um so mehr Sammlung von Herz und Blick zu schenken. Das Loog reizt dafür noch in aller Bemühung, eine Ergänzung zum Hauptstrand und seinen Ausweitungen in die Muschelfelder der entgegengesetzten Inselseite zu werden. Ich habe hier im Hause in Erlangen das Aquarell »Memmertsand« von Alf Depser hängen. Seine feinen, verwischenden Farben scheinen auf die große Sonne zu warten, die ich bei meinem ersten Juist-Aufenthalt wie etwas Nördlich-Unerhörtes an gelber heißer Eindringlichkeit mit dem leisen Rotton ausblutenden Jahres erfuhr. So schwebt immer eine Sehnsucht, ein Wissen mit, denke ich an das Börger-Haus, an die weißhaarige, zierliche Gestalt des Alf Depser, der wie ein Geist in den Dünen auftauchen konnte, denke ich an meine geliebten Toten und an mich selber damals, zwanzig Jahre jünger als heute, aber eintretend, wie Alfred Andersch gesagt hätte, in den »Halbschatten«, diesen Lehrmeister von Abschieden, Schmerz, aber auch einer Hoffnung wie Wind von Land meerwärts ...

Helma Cardauns

Meine Ureltern waren Delphine

»Postum«, das war ein neues überraschendes Wort in der fast vergessenen Spur meines Vaters, ein breiter Sonnenhieb in mein sich ohnehin lichtendes Dickicht, als meines Vaters Arbeit über Kaiser Karl V. erschien und meine Mutter das herausspringende Honorar für einen Ferienaufenthalt verwendete.

Wir verlebten sechs Wochen auf Juist. Was heißt verlebten? Für mich war's verjubeln. Nur ein Schatten war dabei. Käthe fuhr nicht mit.

»Warum nicht, Käthe?«

Sie lachte tapfer und meinte, sie müsse das Haus und die möblierten Damen verwahren, den Patienten die Tür öffnen ... Es war im Kapellenzimmer, wo wir jetzt schliefen, meine Mutter und ich, in Messingbetten, keine schweren Bettkähne aus Eiche oder Mahagoni, und täglich von Käthes Hand frisch geordnet. Jetzt saß Käthe vor der Tür des Tresors, in dem mein Großvater einmal die Inflationsscheine verwahrt hatte. Über der Tür hing in einem Glaskasten ein Barockmadönnchen mit Goldkrone und Zepter, mit Kleidern aus Samt und Seide und einem artigen Kind auf dem Arm; um Käthe herum auf Stühlen und Kommode der noch nicht verpackte Kofferinhalt, den meine Mutter herausgelegt hatte und den keiner so gut wie Käthes Hand zu ordnen verstand. Warum bot ich nicht meine Hilfe an? Statt dessen erlag ich einem Liebesanfall wie in meiner Kleinkinderzeit, viel heftiger noch, weil kein Märchen von den ansteckenden Sommersprossen mich schrecken konnte. Ich halste und küßte sie hemmungslos, bis das Asthma in ihren Bronchien zu orgeln begann. Später, wenn ich bei anderen Menschen den sich verengenden Atem spürte, dachte ich an Käthe, die nie in ihrem Leben Seeluft atmete und die ich zurücklassen mußte, japsend auf dem Stuhl vor der Tresortür, unter dem Barockmadönnchen.

Kaum war ich auf der Insel, vergaß ich alles, was mir den Jubel nahm. Ich schwamm die Wellen hoch und tief, über die Grenzbojen hinweg, bis der Wächter tutete. Ich schwamm gegen den Willen meiner Mutter. »Schwimmen«, hatte sie erschrocken gerufen. »Deine Großmutter hat nach einem einzigen Versuch Leibschmerzen bekommen und mußte stundenlang auf einem Kamillendampfbad sitzen. Ich habe es gar nicht versucht. Schwimmen ist für Männer. Wenn dein Großvater im Wasser Kinder auf den Buckel nahm, war er anzusehn wie der berühmte Vater Nil im Vatikan.« So meine Mutter.

Zur Ehre der Schule sei gesagt, daß die Schwimmkunst zum Sportprogramm gehörte: im Deutzer Hallenbad, kleine Mädchen an der Angel oder schwimmend hinter vorgehaltener Stange; das machte ich wider Willen zwei- oder dreimal, dann war der Sommer gekommen, und Vater Rhein hatte mich schwimmen gelehrt. Aber was ist ein Fluß, selbst ein sauberer, algenriechender, fischdurchwohnter, gegen das Meer? Im Rhein empfand ich mich wie ein Hund, den man ins Wasser warf, aber in der Nordsee? Hätte mir jemand gesagt, nicht Adam und Eva seien meine Ureltern, sondern Delphine, weiß Gott, ich hätte es geglaubt.

Meine Mutter aber saß den lieben langen Tag gegen die Sonne abgeschirmt im Strandkorb. Einmal gelang es mir, sie ins Wasser zu locken. Es war eine sehr genierliche Prozedur und entlarvte die Falschheit des Sprichworts, einmal sei keinmal. Während meine Mutter ins Wasser stolperte, mußte ich dicht hinter ihr hergehen und in jedem Wellental ihren Badeumhang körperbedeckend hochheben, was die Blicke anzog, denen sie zu wehren trachtete.

Wir lebten in einem großen Clan im Hotel Fresena, alles Verwandte von meiner Mutter Seite, alle Altersstufen, angefangen von der alten Tante vom Hohenstaufenring bis zu Onkel Michels jüngstem Enkelkind im Henkelkorb. Meine Mutter war unsicher, ob sie zu den Alten oder Jungen gehörte, zu den Verheirateten oder Unverheirateten. Eine alte Witwe sein, das war normal, aber eine junge, eine schöne? Sollte sie abends tanzen, wenn sie aufgefordert wurde? Nein. Sie trug zwar ihr Leben lang französische Pumps, aber sie tanzte nicht.

Ich hatte keine Probleme. Ich gehörte zu allen. Ich ließ mich ungehemmt vom Photographen zu den Gruppenbildern rufen, wurde angelacht und lachte zurück, aß mittags die Speisereste in den Schüsseln der alten Tanten leer, vergaß, meine heruntergeglittenen Träger hochzuziehen, und wurde wegen dieser Unterlassung von meiner Mutter gerügt, rannte im Wind gegen den pickenden Sand, bis ich alle hinter mir ließ, allein war, mal auf den Dünen, mal auf den Wellen, weit draußen, dem Arm meiner Mutter enthenkelt, fort, wo es nichts gab, was an Menschen erinnerte. Ich selbst eine Insel auf der Insel.

Abends aber drängte ich in den Clan zurück, saß, solange es mir die Mutter erlaubte, bei den Reunions im Hotel unter erwachsenen heiratslustigen Cousinen, hörte den Badewitzen zu, verstand und verstand nicht, beteiligte mich an den Hindernistänzen mit einem Luftballon im Rücken des Partners, gackerte, prustete unter dem Knallen platzender Ballons, bis weit vor Mitternacht mein Stündchen schlug.

Jahrzehnte später erfuhr ich, daß ich auf dem Holz hunderter Kriegsknarren, auf dem »Gewehrkolbenparkett« im Inselhotel meinen jungen Übermut geschliffen hatte.

Anthony Waine

Ich heiratete eine Juisterin

Der Polterabend war im Schwung. Sprachbarrieren zwischen Engländern und Deutschen waren unter dem Einfluß reichlicher Schnapsmengen, jenem unvergleichbaren Vehikel der Völkerverständigung, allmählich verschwunden. Mit »Handen und Foten«, wie man hierzulande zu sagen pflegt, unterhielt man sich immer geschickter. In der Küche hatte sich eine Ostfriesenecke gebildet, wozu auch mein Schwiegervater und Vater gehörten, die bald zu besten Freunden wurden. Johann hieß gleich Johnny, und mein Vater Alfred wurde alsbald in Olf umgetauft. Johnny und Olf, das hört sich an wie zwei Hamburger Seebären, die in irgendeiner Hafenpinte eine improvisierte Matrosenshow über die Bühne bringen. Und so war das auch. Doch mit einem Hauch absurden Theaters vermischt und von einem unvergeßlichen Refrain begleitet, denn auf jeden unverstandenen englischen Witz und jedes unübersetzbare deutsche Lied folgte ein Prosit: »Cheers«, sagte Olf. »Schiet egal«, meinte Johnny.

Das verleitet dann doch zu sprachlichen und philosophischen Überlegungen. Das hochdeutsche »scheiß egal« hört sich unmäßig hart, trotzig, fast egoistisch an. Hingegen wirkt der plattdeutsche Ausdruck ironisch distanzierend, man nimmt etwas Abstand zum Streß des Lebens. Es gibt sowieso eine höhere Gewalt über dem Menschen, ob diese nun Gott ist oder Natur heißt. Und gerade Juist lehrt den

Menschen, auch den Außenstehenden wie mich, wie sehr die Naturelemente das Leben umgeben, ohne daß man diese im geringsten beeinflussen kann. Man lernt, diese Ohnmacht humorvoll hinzunehmen. Ein anderer »Schnack« meines Schwiegervaters lautete wohl deshalb: »Erstens kommt es anders, und zweitens, als man denkt.«

Solche konkreten Weisheiten, mit einem Schuß volkstümlich-trockenen Witzes durchsetzt, sind typisch für die pragmatische Mentalität dieses Inselvolkes und erinnern mich unwillkürlich an das etwas größere Inselvolk jenseits der Nordsee, aus dem ich selber stamme. Vielleicht war es also keine »gewöhnliche« Liebe, die mich und meine Frau Marianne miteinander verbunden hat, sondern ein uns gemeinsam prägendes Inselbewußtsein, das sie sich auch relativ leicht mit meinem »Eiland« identifizieren und mich in Juist instinktiv hineinfühlen läßt. Ja, seit einiger Zeit führe ich häufig ein Gespräch mit Juistern, das ungefähr so verläuft: »Wo kummst du denn her?« »Ja, ik kum von dat achte ostfreesische Eiland.« »Von dat achte«, fragt mein Gesprächspartner neugierig, »wor heet dat denn?« »Ja«, sage ich, »England heet dat!«

Peter Smidt

Nachsaison

Schärfer liegen die Schatten in den sonnenwarmen Burgennestern am Strande. Die Abende verglühen mit tiefem Glorienkranz um den wolkenlosen Horizont. Das große Zeltlager vor dem Flutensaum beginnt sich von Tag zu Tag zu lichten. Die Saison ebbt ab!

Die bunte, schillernde Blüte des Badelebens entblättert fast unbemerkt. In die schimmernde Klarheit der Nachsommertage schleicht sich schon der müde Glanz des Herbstes – Altweibersommer über dem Meer! Der Strandphotograph häufelt gelangweilt mit den nackten Zehen den losen Sand auf. Sein munterer Ruf: »Gruppe – – Gruppe!« lockt keine hurtigen Badenixen mehr vor die Kamera.

Irgendwo schaut ein Ober durch die Fensterscheiben übers Meer. Auch seine Tage sind bald gezählt, und an seinen Frackschößen hängt die Langeweile. Die vielen Einladungen der Vergnügungstafeln auf den Straßenecken tragen die Fußnote: »Insulaner und Angestellte sind herzlich eingeladen.«

Die Hochflut der Feste verkümmert auf den Parketts der Säle und Vergnügungsstätten. Auch das Erbsenraten zieht nicht mehr. Der »Hamburger Grogabend« kündet endlich den deutlichen Umschwung kühler Biere auf warme Getränke. Es hilft nichts – die Saison ist aus!

Die Zeltvermieter tragen ihre Zelte heim. Wenn im kühlen Dämmern ein leichtes Zelt auf dem Rücken eines

Mannes, der ganz darin untertaucht, daherkommt, so sieht es aus wie ein Sarg, der ein Stück Hoffnung auf dem Flitterkram des Lebens zu Grabe trägt.

Fragt ein Kurgast den langen Peter Tomsen, was er im Winter anfängt, so macht dieser zunächst ein wütendes Gesicht, dann antwortet er gedehnt: »Wenn wir keine Arbeit mehr haben, dann schmeißen wir den Sand von einer Düne auf die andere.«

Ach, die hellen Zelte! Sie sahen so viel vom leichten Glanz der Freude. Jetzt wandern sie in die muffigen Winterschuppen. Es ist gut, daß sie verschwiegen sind. Nur neugierig sind sie, ob es manchmal mit Dr. Wohlgemut und dem haargebleichten Fräulein Schönekopf seine Richtigkeit hatte – ob die beiden am Festlande in der großen Stadt, wo jeder Name zu seiner Wirklichkeit und jeder Dünkel zu seiner manchmal gleichgültigen Nummer zurückkehrt, ihr Liebesspiel fortsetzen. Doch sie – die Zelte – tragen auch nur wesenlose Nummern und urteilen nicht zwischen Lüge, Schein und wahrer Herzensbeziehung. Sie wissen nur, daß hier draußen am Meer ein anderer, leichter Ton von Mensch zu Mensch hinübergleitet und der Schaum und Gischt des Lebens ihr Spiel treiben.

Manchmal schweigt die Brandung, die Nachbarinseln verdämmern schwerelos im Raum und hängen wie Märchenwelten im Nichts. Der sirrende Ruf einer Seeschwalbe, die aus dem brennenden Licht hinabstößt in die unbewegte Flut, bildet das einzige Zeichen von Lebenskampf und Gier nach Beute.

Die Insel steht im Zeichen der Abreise. Koffer und leere Bierfässer, Lackglanzhutschachtel und der vielfältige Ferienballast wandern zum Bahnhof. Das Reisegut stapelt sich zum großen Kehraus.

Auf dem kleinen Bahnsteig herrscht Hochbetrieb. Die fast übertriebene Miene des frohen Treibens – von Lachen, Scherz und abgegriffenen Abschiedsworten zeigt am besten, daß die Erinnerung ans Meer sich nicht damit auswischen läßt. Vom Ausschank des »Kompaß« befreien sich die Fahrgäste. Einsteigen! Platz nehmen! Manchem Durstigen mit sonnenbrandwunder Kehle wandert noch fast beim Abfahren des Zügleins ein krimmiger Doornkaat oder ein würziger Seehund männlicher Prägung nach, damit der kommende Fahrtenschweiß zeitig nach innen schlage.

Dort steht eine Gruppe Kinder mit der Ferienstandarte am langen Bambus. Schwestern und Aufsichtsleute flitzen hin und her, bis der Abschub der gebräunten Großstadtkinder in den gelben Wägelchen verstaut ist.

Aus der leicht bekleideten Badenixe wurde wieder die wohlangemessene Straßendame. Ach, wie unmenschlich ist doch solch ein hoher Stöckelschuh!

Daneben in Kragen und Bügelfalte gepreßte Männerwürde – welch lästiger Schmuck des sonst fettgekremten Halses! Fahrt wohl, leichte Sandalen, Strandanzug und Flapperhosen! Die biederen »Gebrüder Füße« einschließlich der naturhungrigen Zehen müssen nun wieder ein Jahr schmachten in Anmut und Würde ihrer ledernen Behausung.

Schnappschüsse hier und dort, unbemerktes Filmen. Johann mit den Koffern, Harm mit der Pudelmütze und zu guter Letzt der grüne Laubfrosch der Motorlokomotive, die eben die lange Wagenreihe ankoppelt, werden auf den Schmalfilm gebannt. Dann kommt die Musik! Der Zug setzt sich in Bewegung.

»Muß i denn – muß i denn zum Städtle hinaus!« – Bandoneon und Saxophon reißen ihren forschen Rhythmus ab. Letztes Winken, manches tränenfeuchte Auge hüben und drüben. Das Bähnlein gleitet den Hellersaum entlang. Die stiere Augustsonne glüht über dem grauen Watt. In der Ferne auf dem Stelzendamm hämmert und pocht der Zug durch die Stille und kriecht wie ein munteres Insekt zur Brücke hinaus.

Die Dagebliebenen verziehen sich, der Bahnhof liegt wieder verlassen. Ein jugendlicher Blondkopf allein steht noch immer am äußersten Ende des Bahnsteiges und winkt, winkt und winkt. Als später der Dampfer mit dicker Rauchfahne vorübergleitet, geht sie müde von dannen, als hätte sie eben ihr eigenes Herz in die große, lärmende Welt abgeschickt. Doch dann rafft sie sich zusammen, geht langsam über die Straße ins Dorf zurück, federnden Schrittes. Die roten Sandalen mit den Holzabsätzen klappern lustig hintendrein, als sie um die nächste Ecke biegt. Dann sehe ich nur noch ihren pfirsichfarbenen Bademantel wie einen frohen Farbfleck in einer Veranda verschwinden.

Öde gähnt der schmale, gepflasterte Bahnsteig mit der Klinkerbrüstung. Hier drängte sich Abend für Abend das Kurgastvölkchen bei der Ankunft neuer Gäste, die mit dem Schlachtruf: Oh, wie blaß! Oh, wie blaß! empfangen wurden. Die Melodie ist aus, der Steig säumt die melancholische Ferne des Watts wie eine Bühne, von der soeben nach Aktschluß der Schwarm eines bunten Chorspiels abgetreten ist.

In einigen Wochen gehen auch die Spätgäste. Die Tanzkapellen sind abgebaut. Im Ferienheim gibt's noch Alte-Tanten-Besuch. Altjungfernglanz und Kaffeekuchenschmaus: auch hierin liegt ein Stück wohlgemächliche Poesie!

Wandernde Musikanten verschlagen nach dem Eiland. Der leichte Schmalz entzückender Schlagermelodien, die vom Matratzenklopfen rücksichtslos niedergedroschen werden, verweht noch einmal über das einschlafende Inseldorf.

Vor einem der letzten Zelte sitzen Stricktanten; die Nornen spinnen – die müde, verwaschene Brandung murmelt vom ewigen Kommen und Gehen.

Graubärtige, würdige Gestalten wandern durchs Dorf. Vielleicht geht mancher in der Verlorenheit der Sandberge und des windverwehten Strandes alten, lieben Erinnerungen nach und hält nun am Abend des Lebens beruhigt Umschau über das glatte Meer und seine lichtgesäumte Ferne, die der helle Sonnenuntergang berauscht in die

Dämmerung hinüberwiegt. Veranden und Stuben werden ausgelüftet, in den Strandlokalen marschieren Korbsessel und Tische eine vorwurfsvolle Polonaise. Ampeln werden verhüllt, Bretterverschläge verschließen die Räume, damit der bald anrückende Sturmgeselle des Oktober mit wildem Regengefauch keinen Einlaß finde.

Über den verblassenden Helm der Dünen kämmt der Westwind. Von Grat zu Grat säumen sich die mennigroten Pfade der Strandpromenade. Fangen erst im Sturm die nackten Sandkessel an zu dampfen, so vergräbt der Flugsand die breite Fährte. Der Herbst will restloses Vergessen!

Die Gemeinschaft der Insulaner beginnt ins Dörfliche zurückzukreisen. Schaustellungen werden ausgeräumt. Eine Maske nach der anderen ist gefallen. Es lebt allein hier draußen der Kampf zwischen Feste und Meer, das Leichte hat keine Lebensberechtigung mehr, und das laute Vergnügen ist abgeblasen.

Biographische Hinweise und Quellennachweis

Otmar Alt, 1940 in Wernigerode geboren, Studium an der Schule für Kunsthandwerk in Berlin. Seit 1965 Einzelausstellungen, u. a. in Berlin, Bonn, Düsseldorf, London, New York und auf Juist.
S. 45 »Juister Meeresungeheuer«, Collage
Mit freundlicher Genehmigung des Künstlers

Alfred Andersch, 1914 in München geboren, zunächst Buchhändler. Seit seiner Desertion »in die Freiheit« 1944 experimenteller Schriftsteller. Herausgeber von »Texte und Zeichen«. Zahlreiche Auszeichnungen. Von 1972 bis zu seinem Tod 1980 Schweizer Staatsbürger. Veröffentlichungen: »Die Kirschen der Freiheit«, 1952; »Sansibar oder der letzte Grund«, 1957; »Wanderungen im Norden«, 1962; »Winterspelt«, 1974 u. a.
S. 121 »Plus« aus: Alfred Andersch, »Einige Zeichnungen«, Diogenes Verlag AG, Zürich, 1977
© 1977 by Diogenes Verlag AG, Zürich

Gisela Andersch, 1913 in Elberfeld geboren, 1987 in Berzona (Schweiz) gestorben. War schon als Kind und später zusammen mit ihrem Mann, Alfred Andersch, häufig auf Juist. Einzelausstellungen, u. a. im Württembergischen Kunstverein, Stuttgart, im Stedelijk Museum, Amsterdam, in der Kestner-Gesellschaft, Hannover.
S. 122/123 »Kalfamer 17«, Tuschzeichnung aus: Alfred Andersch, »Einige Zeichnungen«, Diogenes Verlag AG, Zürich, 1977
© 1977 by Diogenes Verlag AG, Zürich

Elisabeth Axmann, 1934 in Berlin geboren. Studium an der Hochschule für Bildende Künste Berlin, Radiertechnik bei Jonny Friedlaender, Paris. Seit 1969 freischaffende Künstlerin in Hamburg. Radierungen, Ölbilder, Aquarelle, Zeichnungen. Ausstellungen im In- und Ausland.
S. 37 »Möwe« aus: »Elisabeth Axmann«, Edition der Galerie Kley, Juist, 1983
Mit freundlicher Genehmigung der Künstlerin

Sigrid Bauschinger, 1934 in Frankfurt/Main geboren. Studium der Literatur und Philosophie in Frankfurt. Unterrichtet deutsche Sprache und Literatur an der Universität von Massachusetts. Veröffentlichungen zur modernen deutschen Literatur: »Else Lasker-Schüler. Ihr Werk und ihre Zeit«, 1980 u. a.
S. 13 »Nirgendorte«, Originalbeitrag
Mit freundlicher Genehmigung der Autorin

Hedwig Börger, 1906 in Feldberg geboren. Sozialpädagogik, Buchhandel. Lebte lange als Pfarrfrau auf Juist. Lyrik, Erzählungen, Essays.
S. 41 »Nördlicher November« aus: Hedwig Börger, »Fessel und Flug«, Maximilian Dietrich Verlag, Memmingen, 1960
© Maximilian Dietrich Verlag, Memmingen
S. 42 »Sturm am Meer« aus: Hedwig Börger, »Wanderer im Wind«, St. Benno-Verlag, Leipzig, 1958
© 1958 St. Benno-Verlag, Leipzig

Hugo Borger, 1925 geboren. Studium der Kunstgeschichte, Archäologie, Geschichte und Theaterwissenschaft. Bis 1990 Generaldirektor der Museen der Stadt Köln und Direktor des Römisch-Germanischen Museums ebd. Veröffentlichungen zur Archäologie und mittelalterlichen Bau- und Stadtgeschichte.
S. 108 »Im Gehen beginnt Juist«, Originalbeitrag
Mit freundlicher Genehmigung des Autors

Christine Brückner, 1921 in Waldeck geboren. Dreizehn erlernte oder ausgeübte Berufe, entsprechend viele Wohnorte. Lebt, verheiratet mit Otto Heinrich Kühner, in Kassel. Seit 1954 Romane, Erzählungen, Dramen, Kommentare. »Ehe die Spuren verwehen«, 1954; »Das glückliche Buch der a. p.«, 1970; »Überlebensgeschichten«, 1973; »Die Poenichen-Romane«, 1975/77/85; »Wenn du geredet hättest, Desdemona«, 1983 u. a.
S. 7 »Eine Insel der Treue«
S. 49 »Meine Insel im Norden« aus: »Erfahren und erwandert«, zus. mit Otto Heinrich Kühner, Propyläen Verlag, Berlin, 1979
© 1979 Verlag Ullstein GmbH, Frankfurt/M., Berlin, Propyläen Verlag

Helma Cardauns, 1913 in Bonn geboren. War verheiratet mit dem Kunsthistoriker Albert Verbeek, fünf Kinder; lebt in Bonn. Gedichte und Erzählungen.
S. 163 »Meine Ureltern waren Delphine« aus: »Eine Kölner Kindheit«, Horlemann Verlag, Unkel a. Rh., 1991
© 1991 Horlemann Verlag, Unkel a. Rh.

Alf Depser, 1899 in Nürnberg geboren. Studium an der Kunstschule Nürnberg. Lebte seit 1934 bis zu seinem Tod 1990 als Inselmaler auf Juist. Zahlreiche Ausstellungen und Veröffentlichungen.
S. 59 »Das sterbende Wäldchen« aus: Kalender »Ostfriesland«, 1968
S. 61 »Randdüne«, Holzschnitt
Mit freundlicher Genehmigung des Künstlers

Hannes Gaab, 1908 in Mainz geboren. Studium an der Akademie für angewandte Kunst in München. War Lehrer an der »Schule am Meer« auf Juist und widmete sich vornehmlich der Buchkunst. Ausstellungen im In- und Ausland.
S. 36 »Möwe«, Zeichnung
Mit freundlicher Genehmigung des Künstlers

Herbert Gentzsch, 1909 geboren. Studium in Jena und Leipzig. Von 1948 bis 1965 Kunsterzieher auf Juist. 1989 gestorben, auf dem Juister Inselfriedhof begraben.
S. 93 »Muscheln am Juister Strand«, Bleistiftzeichnung, 1982
Mit freundlicher Genehmigung des Künstlers

Ludwig Greve, 1924 in Berlin geboren, 1991 auf Amrum gestorben. 1939–1950 im Exil. 1968–1988 Leiter der Bibliothek des Deutschen Literaturarchivs in Marbach.
S. 118 »Bei Ebbe I« und »Bei Ebbe II« aus: Ludwig Greve, »Bei Tag. Neue Gedichte«, Marbacher Schriften 7, Stuttgart, 1974
Mit freundlicher Genehmigung des Autors

Joachim Günther, 1905 in Hofgeismar geboren, 1990 in Berlin gestorben. Studium der Germanistik, Philosophie, Kunstgeschichte und Theologie. Herausgeber der »Neuen Deutschen Hefte«. Veröffentlichungen: »Das verwechselte Schicksal«, 1948; »Das sehr ernste Märchen von Gott«, 1971; »Berliner Spaziergänge«, 1982 u. a.
S. 89 »Seestücke« aus: »Neue Deutsche Hefte«, Heft 3, 1978
Mit freundlicher Genehmigung des Autors

Peter Härtling, 1933 in Chemnitz geboren. Journalist, Cheflektor, 1967 bis 1973 Geschäftsführer der S. Fischer Verlage. Seit 1974 freier Schriftsteller. Romane, Erzählungen, Gedichte, Kinderbücher. Veröffentlichungen: »Eine Frau«, 1974; »Hölderlin«, 1976; »Nachgetragene Liebe«, 1980 u. a.
S. 57 »Der Maler Depser«, Originalbeitrag
Mit freundlicher Genehmigung des Autors

Helmut Heißenbüttel, 1921 in Rüstringen (Wilhelmshaven) geboren. Studium der Architektur, Gemanistik und Kunstgeschichte in Dresden, Leipzig und Hamburg. Verlagslektor. 1959–1981 Leiter der Redaktion »Radio-Essay« am Süddeutschen Rundfunk in Stuttgart. Veröffentlichungen: »Kombinationen. Gedichte«, 1954; »D'Alemberts Ende«, 1970; »Das Textbuch«, 1970 u. a.

S. 114 »Juistgelegenheitsgedicht« aus: Helmut Heißenbüttel, »Ödipuskomplex made in Germany. Gelegenheitsgedichte, Totentage, Landschaften 1965–1980«, Verlagsgemeinschaft Ernst Klett–J. G. Cotta'sche Buchhandlung Nachfolger GmbH, Stuttgart, 1981
© Ernst Klett, Stuttgart, 1981

Ernst Jünger, 1895 in Heidelberg geboren. Offizier im Ersten Weltkrieg. Studium der Naturwissenschaften und Philosophie in Leipzig und Neapel. Lebt in Langenenslingen/Württemberg. Zahlreiche Auszeichnungen. Veröffentlichungen: »In Stahlgewittern«, 1920; »Auf den Marmorklippen«, 1939; »Strahlungen«, 1949; »Subtile Jagden«, 1967 u. a.
S. 105 »Juist, 10. Juni 1969« aus: Ernst Jünger, »Siebzig verweht«, Band 1, Verlagsgemeinschaft Ernst Klett–J. G. Cotta'sche Buchhandlung Nachfolger GmbH, Stuttgart, 1980
© Ernst Klett, Stuttgart, 1980
S. 106 »Aus den Strandstücken (2)« aus: Ernst Jünger, »Sämtliche Werke«, Band 9, Verlagsgemeinschaft Ernst Klett–J. G. Cotta'sche Buchhandlung Nachfolger GmbH, Stuttgart, 1979
© Ernst Klett, Stuttgart, 1979

Friedrich Georg Jünger, 1898 in Hannover geboren, 1977 in Überlingen gestorben. Jura-Studium in Leipzig und Halle. Ab 1926 freier Schriftsteller, zunächst in Berlin, dann in Überlingen. Lyrik, Erzählungen und Essays.
S. 83 »Merkwürdige Tage« aus: Friedrich Georg Jünger, »Grüne Zweige. Ein Erinnerungsbuch«, Verlagsgemeinschaft Ernst Klett–J. G. Cotta'sche Buchhandlung Nachfolger GmbH, Stuttgart, 1978
© Ernst Klett, Stuttgart, 1978
S. 85–88 Gedichte aus: Friedrich Georg Jünger, »Sämtliche Gedichte«, Vittorio Klostermann, Frankfurt, 1974
© 1974 by Vittorio Klostermann, Frankfurt/Main

Otto Heinrich Kühner, 1921 in Nimburg/Kaiserstuhl geboren. Studium von Literatur, Philosophie und Musikwissenschaft. Hörspiellektor am Süddeutschen Rundfunk in Stuttgart. Seit 1965 freier Schriftsteller. Veröffentlichungen: »Nikolskoje«, 1953/82; »Lebenslauf eines Ungeborenen«, 1975; »Pummerer-Verse oder Vom Nutzen der Haaresbreiten«, 1981 u. a.
S. 43 »Ich werde vier Wochen bleiben« aus: »Westermanns Monatshefte«, Heft 2, 1983
Mit freundlicher Genehmigung des Autors

Horst G. Loewel, 1939 in Hannover geboren, lebt im Allgäu und in Britisch-Kolumbien. Studium der Kunstgeschichte, Geographie und Biologie in Bonn, Münster und Köln. Ab 1969 zahlreiche Einzel- und Gruppenausstellungen im In- und Ausland.
S. 69 »Die ›Titanic‹ zieht an Juist vorbei«, Zeichnung aus dem Gästebuch des »Kurhaus und Strandhotel Juist«
Mit freundlicher Genehmigung des Künstlers

Gerhard Losemann, 1938 in Duisburg geboren. Ausbildung in Duisburg, Essen (Folkwangschule), Düsseldorf. Zahlreiche Ausstellungen im In- und Ausland.
S. 134 »Anatomie einer Schnecke«, Lack- und Ölmalerei, 1972 auf Juist entstanden
Mit freundlicher Genehmigung des Künstlers

Martin Luserke, 1880 in Berlin geboren, 1968 in Meldorf/Holstein gestorben. Gründete 1925 auf Juist »Die Schule am Meer«, die 1934 aus politischen Gründen geschlossen wurde. Veröffentlichungen: »Seegeschichten«, 1932; »Hasko«, 1935; »Die Ausfahrt gegen den Tod«, 1936 u. a.
S. 30 »Juist – verwunschene Insel« aus: Merian-Heft Nr. 3, 1957

Maerbodsheim (Pseud.), stammt aus Böhmen, deutschbürtig. Arbeitet als Maler und Graphiker.
S. 63 »Wenn Henny badet«, Originalbeitrag
Mit freundlicher Genehmigung des Autors

Hansjörg Martin, 1920 in Leipzig geboren. Maler, Graphiker, Clown, Journalist, Bühnenbildner, Dramaturg, Schriftsteller. Veröffentlichungen: »Bei Westwind hört man keinen Schuß«, 1973; »Erntefest«, 1983 u. a.
S. 38 »Die Himmel über dem Memmert«, Originalbeitrag
Mit freundlicher Genehmigung des Autors

Inge Meidinger-Geise, 1923 in Berlin geboren, lebt in Erlangen. Studium in Berlin und Erlangen. Seit 1943 freie Schriftstellerin. Vorsitzende der Europäischen Autorenvereinigung »Die Kogge«. Veröffentlichungen: »Die Freilassung«, 1958; »Der Mond von gestern«, 1963; »Quersumme«, 1975 u. a.
S. 158 »Meine Zeitrechnung heißt Juist«, Originalbeitrag
Mit freundlicher Genehmigung der Autorin

Heide Probst, 1941 in Pernitz (Österreich) geboren, in Norddeutschland aufgewachsen. Studium in Göttingen. Seit 1971 auf Juist. Veröffentlichungen in Zeitschriften und Zeitungen.
S. 148 »Die Kugel im Sand«, Originalbeitrag
S. 153 »Hier am Meer«, Originalbeitrag
Mit freundlicher Genehmigung der Autorin

Horst Rellecke, 1951 in Duisburg geboren. Studium der Architektur in Stuttgart, gleichzeitig Beschäftigung mit Malerei und Plastik. Seit 1974 Ausstellungen im In- und Ausland.
S. 113 »Juister Theorie-Ventil«, Zeichnung aus dem Gästebuch des »Kurhaus und Strandhotel Juist«
Mit freundlicher Genehmigung des Künstlers

Heide M. Sauer, 1945 in Hämelhausen b. Nienburg/Weser geboren. Kunststudium in Kassel. Bis 1982 Kunsterzieherin im Schuldienst. Lebt mit Mann und vier Kindern in der Nähe von Gießen. Zahlreiche Ausstellungen.
S. 51 »Die vier Elemente«, Acryl auf Sand
Mit freundlicher Genehmigung der Künstlerin

Peter-Torsten Schulz, 1944 in Böhmen geboren. Studium der Gebrauchsgraphik an der Folkwangschule Essen. Seit 1967 veröffentlicht er (zumeist als Olle Hansen) seine gemalten, fotografierten und geschriebenen Bücher. Zahlreiche Ausstellungen.
S. 146 »Alleine am Meer«, aus: Peter-T. Schulz, »Rapunzel. Liebeslieder aus Hansens Haus«, DuMont Buchverlag, Köln, 1978
S. 147 »Sonnenuntergang«, Zeichnung aus: Peter-T. Schulz, »Der Kuckuck und der Esel. Fabelhaftes aus Hansens Haus«, DuMont Buchverlag, Köln, 1981
Mit freundlicher Genehmigung des Künstlers

Peter Smidt, 1894 in Manslagt (Ostfriesland) geboren, 1957 in Oldenburg gestorben. 1930–1937 Postinspektor auf Juist.
S. 168 »Nachsaison« aus: Peter Smidt, »Die Insel Juist«, Otto Meissners Verlag, Hamburg, 1936
© Otto Meissners Verlag, Berlin

Michael Starcke, 1949 in Erfurt geboren, lebt in Bochum. Lyrik und Kurzgeschichten. Veröffentlichungen in literarischen Zeitschriften und Anthologien. »Verspielt«, 1979.
S. 154/156 »Am Strand von Juist«, »Strandwanderung«, auf Juist entstanden, bisher unveröffentlicht
Mit freundlicher Genehmigung des Autors

Monika Taubitz, 1937 in Breslau geboren. Gedichte und Erzählungen. Eichendorff-Preis 1978. Veröffentlichungen: »Probeflug«, 1974; »Durch Lücken im Zaun«, 1976; »Netze werfend«, 1978.
S. 20–22 »Juist-Gedichte«, bisher unveröffentlicht
S. 23 »Inselsommer«, aus dem Jahrbuch für das Nordseeheilbad Juist, »Seehund«, Band 4, Loog-Verlag, Juist, 1978
Mit freundlicher Genehmigung der Autorin

Urban Thiersch, 1916 in Halle/S. geboren, 1984 am Chiemsee gestorben. Studium in Heidelberg, Steinmetzlehre in Berlin. 1948–1951 an der Akademie der Bildenden Künste in München. War an der Gründung (1948) und Leitung der Werkstattgruppen auf der Insel Juist beteiligt.

S. 161 »Widder«, aus Ziegelsteinen gemauert und geschliffen, 1974 entstanden, steht in einem Juister Garten
Foto: Andreas Vollmer
Mit freundlicher Genehmigung des Künstlers

Gunther Tietz, 1961 in Adelebsen geboren, in Göttingen und Kassel aufgewachsen. Lebte, studierte und schrieb in Berlin; 1993 gestorben. »Die Verteidigung der Schmetterlinge«, 1981 u. a.
S. 126 »Aus meinem Inseltagebuch«, entstanden im Sommer 1979.
Mit freundlicher Genehmigung des Autors

Heinz Trökes, 1913 in Hamborn/Rhein geboren, lebt in Berlin. Kunstgewerbeschule Krefeld. 1938 Ausschluß aus der Reichskulturkammer, keine Ausstellungsmöglichkeiten bis 1945. Lehrtätigkeit in Weimar, Hamburg, Stuttgart und Berlin.
S. 15 »Vorliebe für Inseln«, Zeichnung aus dem Gästebuch des »Kurhaus und Strandhotel Juist«
Mit freundlicher Genehmigung des Künstlers

Ludwig Verbeek, 1938 in Köln geboren. Studium der Germanistik und Anglistik. Seit 1971 Lehrer für Deutsch und Englisch am Abendgymnasium in Bonn. Essays, Erzählungen und Gedichte. Veröffentlichungen: »Brechungen«, 1971; »Stück und Kristall«, 1979; »Von Orpheus bis Unperson«, 1980 u. a.
S. 135 »Miesmuschelperlen«, bisher unveröffentlicht
S. 137 »Wind vor der Hoftür«, Originalbeitrag
Mit freundlicher Genehmigung des Autors

Anthony Waine, 1946 geboren. Studium der Germanistik in Newcastle und Oxford. Lektor an der Universität Hamburg. Seit 1972 Dozent für deutsche Sprache und Kultur an der Universität Lancaster. Veröffentlichungen: »Martin Walser«, 1980; »Über Brecht«, 1982.
S. 166 »Ich heiratete eine Juisterin«, Originalbeitrag
Mit freundlicher Genehmigung des Autors

Christine Brückner

Ehe die Spuren verwehen
Ullstein Buch 22436

Ein Frühling im Tessin
Ullstein Buch 22557

Die Zeit danach
Ullstein Buch 40073

Letztes Jahr auf Ischia
Ullstein Buch 40099

Der Kokon (Die Zeit der Leoniden)
Ullstein Buch 22887

Wie Sommer und Winter
Ullstein Buch 22857

Das glückliche Buch der a. p.
Ullstein Buch 22835

Die Mädchen aus meiner Klasse
Ullstein Buch 22569

Überlebensgeschichten
Ullstein Buch 22463

Jauche und Levkojen
Ullstein Buch 20077

Nirgendwo ist Poenichen
Ullstein Buch 20181

Das eine sein, das andere lieben
Ullstein Buch 20379

Mein schwarzes Sofa
Ullstein Buch 20500

Lachen, um nicht zu weinen
Ullstein Buch 20563

Die Quints
Ullstein Buch 20951

Hat der Mensch Wurzeln?
Ullstein Buch 20979

Kleine Spiele für große Leute
Ullstein Buch 22334

Alexander der Kleine
Ullstein Buch 22406

Die letzte Strophe
Ullstein Buch 22635

Was ist schon ein Jahr
Ullstein Buch 23258

Die Stunde des Rebhuhns
Ullstein Buch 23102

Ullstein

Otto Heinrich Kühner

Pummerer-Verse oder Vom Nutzen der Haaresbreiten
Ullstein Buch 20150

Nikolskoje
Ullstein Buch 20203

Die Übungspatrone
Ullstein Buch 26039

Wozu noch Gedichte?
Ullstein Buch 26089

24 Stunden deutsche Ortszeit
Rogner's Edition 38506

Der Pappkamerad und die Strohpuppe
Ullstein Buch 20841

Ullstein